Los Robos Plate

Los Robos Plate

Una historia de corrupción, violencia, mentiras, doping y engaños

Rogafe

www.librosenred.com

Dirección General: Marcelo Perazolo
Diseño de cubierta: Laura Gissi

Está prohibida la reproducción total o parcial de este libro, su tratamiento informático, la transmisión de cualquier forma o de cualquier medio, ya sea electrónico, mecánico, por fotocopia, registro u otros métodos, sin el permiso previo escrito de los titulares del Copyright.

Primera edición en español - Impresión bajo demanda

© LibrosEnRed, 2019
Una marca registrada de Amertown International S.A.

ISBN: 978-1-62915-440-4

Para encargar más copias de este libro o conocer otros libros de esta colección visite www.librosenred.com

Prólogo

Estimados lectores, este libro como lo dice su título es UNA HISTORIA DE CORRUPCIÓN, VIOLENCIA, MENTIRAS, DOPING, Y ENGAÑOS. Los protagonistas PRINCIPALES son INSTITUCIONES, DIRIGENTES, JUGADORES, DT, ARBITROS Y PERIODISTAS CORRUPTOS, COMPRADOS Y ENTRE OTRAS COSAS GENERADORES DE VIOLENCIA.

También integran la historia en papeles secundarios LOS CERTIFICADOS MEDICOS DUDOSOS Y DE MUERTOS, LOS PENALES QUE ERAN Y LOS QUE NO ERAN, LOS GOLPES Y LESIONES IMPORTANTES A JUGADORES RIVALES, POSICIONES ADELANTADAS QUE ERAN Y LAS QUE NO ERAN.

El relato primordialmente se refiere a los hechos futbolísticos y aquellos que no tienen nada de ello acontecidos en partidos oficiales jugados entre los clubes Boca Juniors y River Plate en el periodo 2014 a 2018 y otros, que aunque parezca mentira tienen muy poco de futbol. También el objetivo es verificar el marco de **legalidad "moral"** en la cual River obtuvo los logros del período y otros donde si bien no lo hicieron se repitieron los mismos hechos que en todo el período.

Antes que nada quiero aclararles que soy simplemente un simpatizante como ustedes, ni periodista, ni investigador, ni dirigente, ni siquiera escritor, pero sí alguien que se cansó de tanta corruptela.

Realmente quisiera haberles hablado de tácticas, jugadores destacados por sus habilidades, estadios, elencos, estrategia de los directores técnicos, goles extraordinarios y/o todo lo lindo del futbol que hace del mismo una pasión tan grande en la Argentina, pero lamentablemente pasaron hechos muy "raros" en este periodo, que llevan a pensar en otra costumbre muy arraigada en Sudamérica llamada **CORRUPCIÓN**.

Adicionalmente les voy a comentar algunos hechos objetivos que pasaron en este periodo, que si bien se saben, la prensa corporativa o la "corpo del futbol", como dice un comentarista amigo, oculta permanentemente o trata de tapar porque no hacen a sus intereses (SUPONGO ECONÓMICOS).

El libro resume partidos y comentarios de diarios, revistas deportivas, páginas de Internet, YouTube, Google y otros buscadores para tratarlo de hacerlo lo más objetivo posible.

Si bien no es el objeto referirnos a otros periodos o hechos, creo que es importante comentarles en este prólogo los 3 partidos oficiales jugados por los clásicos rivales desde que River regresó de la B Nacional a la primera en el año 2012 y 2013, y que pasaba con la economía y finanzas del Club Atlético River Plate y su campaña deportiva.

Otro hecho significativo es que para el primer partido de su regreso, la AFA dictaminó que fuera Belgrano el rival en el Monumental, y para que vayan teniendo idea de lo que **se trata gran parte de este libro**, les comento que con el partido 2 a 1 favorable a Belgrano, a los **42 minutos del segundo tiempo el delantero de River Aguirre choca a Olave al cual deja sangrando y un árbitro llamado German Delfino el cual es un personaje muy destacado en este libro cobró INSOLITAMENTE penal para River que luego fue desperdiciado, pero no contento con el error (¿error?) decidió expulsar al arquero pirata por festejar desmedidamente y los últimos minutos del encuentro Belgrano tuvo que hacerlo con un hombre menos y con un jugador de campo de arquero (el resultado igualmente no se modificó).

Alguna de las siguientes situaciones que se daban por aquellos años y en las cuales no me voy a extender, pueden explicar el porqué del desarrollo anormal de los partidos jugados por CARP en el periodo al cual se refiere este escrito.

Una de ellas es la referida a la situación económica y financiera del club, que gobernado por Daniel Pasarella se encontraba en serias dificultados, ya que además de incrementar notoriamente su pasivo, tenía en el 2013 un patrimonio negativo de 110 millones de pesos. Asimismo el balance que cerraba en ese ejercicio fue impugnado por notorias irregularidades.

La segunda es la deportiva, River no levantaba cabeza y en el torneo que finalizó en **diciembre de 2013 ocupó el puesto 17** en conjunto con Quilmes (más diferencia de goles que el cervecero que fue 18) **de 20 equipos** con 5 partidos ganados, 6 empatados y 8 perdidos con una efectividad del 37% (torneo inicial) y significativamente lo hacía bajar en la tabla de promedios del descenso.

Asimismo en los clásicos oficiales tampoco estaba muy bien ya que empataron el primero siendo local, con arbitraje de **Lunati declarado simpatizante de la banda, que reconoce alguna "mano" dada al club de sus amores, sobre todo cuando estaba en el Nacional B**; empatando el próximo en cancha de Boca más recordado por la frase **"Yo no me fui"** (refiriéndose a la B) respondiendo a los simpatizantes de Boca por parte de Ramón Díaz (DT millonario) que por el futbol brindado y luego perdiendo el tercero en el Monumental ante un Boca con suplentes dirigido por Bianchi.

En la copa Argentina tampoco iba muy bien, decía TELAM el 24/04/2013: **"Estudiantes de Caseros fue mucho para River**" y lo eliminó en su debut", "En su debut en la Copa Argentina, los Millonarios cayeron 1 a 0 con Estudiantes de

Buenos Aires en el marco de los 16vos. de final de este certamen.

La última chance del millonario en el 2013 era la siguiente y decía INFOBAE al respecto: "**Lanús eliminó a River de la Copa Sudamericana**". Con tantos de Diego González, Santiago Silva y Víctor Ayala, el Granate superó 3 a 1 al conjunto de Ramón Díaz, que marcó el descuento a través de Teo Gutiérrez. **La hinchada repudió el rendimiento de sus jugadores.**

"Luego de haber titulado a este partido como el más importante del semestre, la pobre actuación de River culminó con un proyecto que deberá replantearse para el próximo campeonato. Serán dos meses duros para una institución que gozará de elecciones el 15 de diciembre" decía un diario de la época.

Realmente no sé si serán las causas de la "ayuda" a CARP durante los años posteriores, pero si así lo fueran, me inclino más por la primera que por la segunda, ya que la mejora en el aspecto económico **con torneos ganados mayormente los organizados por la Conmebol** permitiría la subsistencia de **un club casi al borde de la quiebra**. Debido a grave situación económica el club de Núñez **analizaba la posibilidad de presentarse en concurso de acreedores para poder restructurar el pasivo de 425 millones de pesos**, según informaba la nueva Comisión Directiva liderada por Rodolfo D'Onofrio en el 2013.

Usted, después de finalizar la lectura de este escrito encontrará o por lo menos se acercará bastante, para poder explicar estos vergonzosos hechos que los protagonistas "por supuesto" no brindan y además se empeñan en ocultarlos, con el silencio cómplice e impensado de muchos.

Capítulo I – Esto es R.iver Plate

Estimado lector, estaba escribiendo el capítulo IX, cuando vuelven a resurgir noticias de algo turbio en el club del Bajo Belgrano (no Nuñez), por lo que se me ocurre que usted va a entender más lo que escribo (yo también), para comentarles que **personajes e instituciones** se mueven en y alrededor de River.

A River le dicen **"LA BANDA"; antes de irse a la B debido por la línea oblicua de su camiseta y en forma "textual" después de su regreso tal como explicaré en el libro.**

De esta manera podemos decir que **"Así es River"**, pero para no copiar el título de una famosa revista de la "contra" (BOCA) cuyo dueño era Héctor Ricardo García (emblema de Crónica) y para que no me acuse de plagio (ja,ja) lo titulé "Esto es River".

Alejandro Burzaco

Reconocido simpatizante de River que estuvo el día del "gas pimienta" dentro del campo de juego de la Bombonera **tratando de suspender el partido. Sospechado de arreglos de árbitros, técnicos rivales y partidos cuando era CEO de TyC Sports encargada de televisar los partidos de equipos argentinos en la CONMEBOL del 2014 y 2015 por ejemplo.**

Además de ello, cambió las fechas de los octavos de final que jugaron Boca y River en el 2015 para darle más tiempo a los de Gallardo.

Lo más grave de este señor es que fue acusado y condenado por la justicia de EEUU por pagar "comisiones ilegales" a la CONMEBOL y a la FIFA.

Se declaró culpable de siete cargos, el acusado admitió delitos de asociación ilícita, conspiración para cometer fraude y conspiración para lavado de dinero. Cabe aclarar que este señor manejó todos los derechos de la televisación del futbol.

Eugenio Burzaco – Diego Santilli

Hermano de Alejandro es el **Titular del Departamento Seguridad del club** (el que tan bien protege a directivos, jugadores y cuerpo técnico de los rivales, y a su presidente que huyó despavorido del pasillo del Monumental el día del ataque al micro) y a su vez Mauricio Macri lo nombró **Secretario de Seguridad, dependiente de la cartera de Seguridad de la Nación**, en reemplazo de Sergio Berni. Pareciera que ocupar un cargo de importancia en un club y sus funciones en el Estado no serían muy compatibles. Lo más importante que este individuo es que aún al frente de la Secretaría de Seguridad de la Nación, **su nombre aparece ligado al FIFA-Gate** por el pago de la fianza para conseguir la excarcelación y prisión domiciliaria para su hermano Alejandro de una prisión en EE.UU. El Secretario **Burzaco habría aportado unos 3 millones de dólares en efectivo y otros 15 millones en certificados de acciones de la propia empresa TyC Sports, de la que su hermano Alejandro fuera CEO, y que fue la empresa desde donde se pagaron las comisiones ilegales a la CONMEBOL y a la FIFA.**

A Diego **Santilli** (hijo de un presidente de River en la década del 80) lo incluyo con este personaje porque es funcionario en actividad del Gobierno de la Ciudad de Buenos Aires, mejor dicho encargado de la seguridad de los porteños, **le parece más importante que el campeón de América fue River antes que la vida y la seguridad del plantel, cuerpo técnico y directivos de Boca y simpatizantes de River que pudieron haber muerto en ese salvaje ataque al micro**. Le recuerdo que el encargado de seguridad en ese instante es socio de River desde hace años y que **la agresión la realizaron simpatizantes de River**. Lo que debiera preocuparle es porque no hay detenidos de la agresión y la venta "trucha de entradas" (dirigentes y barras) ya pasados más de 8 meses de sucedido, o es que hay otros intereses que hinchas comunes como yo no lo saben.

Leonardo Ponzio

Jugador y capitán de River, además de ser IMPUNE para pegar dentro de una cancha de futbol (ver más adelante) y no ser expulsado, de ser el "herido de gravedad en cancha de Boca" que se fue riendo junto con algunos compañeros del campo de juego en un claro hecho de provocación, es acusado de arreglar partidos.

El encuentro por el que es investigado el capitán del elenco de **Núñez** se remite al que disputaron **Zaragoza** y **Levante** en la **temporada 2010/11** de *La Liga*, correspondiente a la última fecha de la competición.

En aquella oportunidad, **una decena de jugadores del Zaragoza recibieron unos 120.000 euros días antes del partido** disputado en **mayo** de **2011**. Como ninguno de los protagonistas pudo justificar los misteriosos ingresos, el hecho avanzó de modo tal que en **febrero** se anunció que todos los implicados irán a juicio oral, en septiembre de 2019.

La **Audiencia Provincial de Valencia**, ciudad en la que se disputó el polémico cotejo que concluyó con victoria del **Zaragoza** por **2 a 1** dictaminó para **Ponzio dos años de cárcel y seis años de inhabilitación para la práctica deportiva.**

Según las fuentes de la fiscalía en España, los implicados estarían **inhabilitados de realizar actividades profesionales en el país europeo por al menos seis años (parece que la FIFA es muy poderosa ya que jugó la final de Libertadores 2018 sin problemas en Madrid).**

Alejandro Domínguez

Presidente de la CONMEBOL, es aquel que brinda los fallos del tribunal de disciplina de dicho organismo, **¿órgano independiente de la presidencia?,** antes que los investiguen.

Domínguez junto con el presidente de FIFA obligó a Boca a jugar el partido final a pesar del estado de salud de los futbolistas. Insistió además en jugarlo al otro día del ataque al micro, mientras tanto su familia se sacaba fotos con la camiseta de Riber en el mudomental. Además a su hijo se lo vio en oportunidad de la final de la Copa Sudamericana 2014 celebrando el triunfo de River dentro del campo de juego. Es bien sabido que a este señor la ética le importa muy poco.

Este señor es el que firmó esto junto con otros 2 nefastos personajes, D'Onofrio y Angelici: "**Que el Bus del Club Boca Juniors a metros de ingresar al anillo de seguridad del Estadio del Club River Plate, ha sido impactado por UNA PIEDRA**", cuando además de ser algo perfectamente preparado, se vieron secuencias de incontables piedras, botellas con gases (una de ellos impactó en un simpatizante de River) y otros elementos contundentes **EN LO QUE PUDO SER LA DESGRACIA MAS GRANDE DEL FUTBOL ARGENTINO.**

"Estamos en esta situación por culpa de los inadaptados. Hay un acuerdo entre los clubes, un pacto de caballeros, "prima el sentido común". El partido pasa para mañana (por este domingo) a las 17", indicaba Alejandro Domínguez, titular de la Conmebol.

Este señor según fuentes cercanas manifestó: **La Conmebol no permitirá que el campeón se conozca en un escritorio, mucho menos que sea el equipo de Daniel Angelici, un *"enemigo" de la casa.***

Bajo su mando se llevó a cabo la copa Libertadores de América más manchada de la historia (y quien otro que Riber la podría haber ganado) con fallos que vamos a ver más adelante auspiciados indudablemente por este individuo (casi se me escapa señor).

Esto es lo que opina Chilavert jugador y capitán de la selección paraguaya: "Domínguez está matando nuestro fútbol"

Aseguró que lo que está sucediendo es "una vergüenza mundial".

Y trató al presidente Alejandro Domínguez de corrupto.

Agregando: "La corrupción no es solo robar dinero, que es casi seguro que también existe y que puede ser la más grave pero a la vez la más difícil de comprobar y de dejar rastros y evidencias. La corrupción también es institucional, moral, es renegar y no defender los intereses de la institución que uno defiende, en este caso la **Conmebol***".*

La corrupción MATA, también el ex portero acusó a Alejandro Domínguez, presidente de la entidad que regula y organiza el fútbol en Sudamérica, de tener una relación económica con la Aerolínea LaMia en donde se produjo el accidente del Chapecoense: "Yo creo que el presidente debía tener algunas acciones o algo porque no puede ser que siempre son esos mismos Chárter".

Chilavert no fue el único en hacer este tipo de señalamientos, pues en una nota publicada en el portal Uol Esporte, se afirmó que directivos de cuatro clubes brasileños dijeron haber recibido una "orientación informal" de Conmebol para elegir a LaMia para sus desplazamientos.

Juan Ángel Napout

Ex presidente de la COMETABOL, el paraguayo Juan Ángel Napout, de 60 años, fue sentenciado en Nueva York a nueve años de prisión en el marco del **escándalo de corrupción en el fútbol** mundial conocido como FIFA Gate.

La jueza Pamela Chen dijo que Napout tenía "una personalidad oculta" y "perpetuaba la noción de que era un buen tipo al tiempo que recibió 3,3 millones de dólares en coimas hasta que fue arrestado y aceptó recibir más de 20 millones más en sobornos".

Napout y Marin fueron encontrados culpables de **"pertenecer a un grupo con fines criminales y de fraude electrónico relacionado a la Copa Libertadores y la Copa América".**

Este personaje junto con su amigo Burzaco, no permitieron que se jugara el segundo tiempo de Boca – River en la Libertadores 2015 dándole la clasificación a Riber a cuartos de final.

La máquina oculta de hacer entradas y los dirigentes de River

Me remito a una nota publicada por el diario Ambito la cual refleja lo que otros medios también comentaron: "**Montada** una oficina paralela de impresión de entradas en el Monumental".

El fiscal **Norberto Brotto** aseguró que durante el allanamiento al **Monumental** por los incidentes ocurridos en el marco de la superfinal de la Copa Libertadores entre Boca y River **se encontró una oficina paralela de impresión de entradas.** Además, confirmó que los tickets que secuestraron en la casa de **Héctor "Caverna" Godoy**, el líder de "Los Borrachos del Tablón" eran originales, pero no estaban dentro del circuito oficial de venta.

"**Durante los allanamientos se encontraron dos lugares donde se imprimen entradas. Uno en la Gerencia de la Dirección de Informática del club, en la zona donde los socios van a cambiar sus vouchers y le dan las entradas y había otra oficina distinta, con un par de impresoras donde se encontraron un montón de tickets en blanco listos para ser impresos, y otros que ya lo estaban. En el momento se comprobó además que esos tickets eran válidos y permitían pasar por los molinetes**", explicó Brotto en diálogo con Radio Con Vos.

Según la investigación hubo 22.000 entradas que en vez de ir a boleterías, River destinó a protocolo y a la reventa. Y dado que el protocolo no podía pasar de 6.000 tickets, **quedaron 16.000 para el circuito ilegal.** Según escuchas a los barras el valor promedio al que se revendía cada ubicación era de 5.000 pesos, la cifra recaudada sería de 80 millones. Sí, dos millones al valor que tenía el dólar por entonces.

Esto decía La Nación: "No se detiene la investigación acerca de la reventa de entradas y que explotó en la final de la Copa Libertadores ante Boca. El jueves último se realizó un nuevo allanamiento en el Monumental que abrió un nuevo capítulo en esta historia. Tal es así, que **para la Justicia hay pruebas y elementos suficientes para sostener que desde River Plate se financió y se facilitó el accionar de la barra brava.**

El club Millonario todavía no ha explicado cómo Godoy se hizo con 300 entradas **intransferibles para la final.**

No obstante seria interesante investigar los contactos del fiscal de la causa con Jorge Brito hijo y porque se paralizó por unos meses la misma.

Caverna Godoy

Jefe de la barra brava de River conocida como "Los Borrachos del Tablón". No serían muy extraños los hechos y manejos de una barra porque en casi todos los clubes existen.

Pero me quiero referir solo al hecho del partido final en el monumental frustrado por este señor y sus cómplices.

En un golpe comando, la policía allanó dos domicilios, uno en San Miguel y otro en Villa Devoto, que estaban vinculados con los llamados "Borrachos del Tablón", la temida barra brava de River. En el procedimiento, se secuestraron unos 7 millones de pesos, 15 mil dólares y las 300 entradas que el club de Núñez le habría regalado a la barra para asistir al estadio.

Cuando los uniformados dejaban la casa de San Miguel, propiedad de Héctor "Caverna" Godoy, jefe de la barra brava del club, éste habría anticipado lo que iba a pasar pocas horas después. **"Si no entramos nosotros, no va a haber partido",** habría asegurado el temido delincuente.

Además hay un audio que anticipaba lo sucedido: en el mismo se escucha a un supuesto conocido de **Godoy** explicando los hechos. "Ayer lo agarraron a **Caverna** con 7 millones de pesos y 300 tickets, viste. Los 300 tickets son para la entrada de las 300 personas de la barra.

Entonces **Caverna** no iba a entrar hoy. La cana se llevó la plata y las entradas. **El chabón les dijo que si no entraba la barra no se jugaba el partido. Ellos saben. Ellos están ahí metidos en el club. ¿Cómo suspendes un partido?** Lastimando a los jugadores. ¿Dónde viajan los jugadores? En el micro. Está todo armado. La policía llevó a los jugadores por donde estaba la gente. Vos te pensas que de esos que estaban ahí no había ninguno de los que no podían entrar a la cancha. Una vergüenza, amigo", concluye.

La posibilidad de que el audio sea auténtico incluye un peligroso dato. Las fuerzas policiales habrían estado al tanto de lo que ocurría y, aun así, decidieron no tomar los recaudos necesarios.

"Se está investigando la relación de estos incidentes con la barra, para nosotros tiene una relación directa", informó D'Alesandro. Luego el gobernador de CABA, Horacio Rodriguez Larreta manifestó en más de 3 oportunidades que el ataque estaba ideado por la barra brava del club.

River no tuvo ninguna responsabilidad en el ataque según la COMETABOL, parece que estos personajes son los "famosos hinchas neutrales".

Los médicos de Riber

Ya lo explicaré detalladamente más adelante, **pero parece que los médicos de River no son muy profesionales.**

El día del gas pimienta por varios minutos, los jugadores afectados trataron sofocar el efecto del gas pimienta con botellas de agua. El médico de River, Pedro Hansing, parece que no los asesoró muy bien de que el agua potencia los efectos del gas pimienta, sobre todo a Ponzio el más afectado ya que lo vi personalmente y por videos posteriores ir detrás de los bancos de suplentes prácticamente a "bañarse".

Asimismo dicho profesional no se enteró que los diuréticos son sustancias prohibidas, como las que toman sus jugadores, aunque en este caso no se sabe si sabía.

La **hidroclorotiazida** es uno de los componentes que contienen los diuréticos cuyo efecto es el de "enmascarar" la presencia de otras drogas. Los agentes enmascarantes son compuestos que se toman con el propósito **de ocultar la presencia de drogas ilegales específicas que no aparecen en los controles.**

Sergio Parodi, el ex atleta mendocino que denunció penalmente al presidente de River, **Rodolfo D'Onofrio, al director técnico, Marcelo Gallardo, y al médico Pedro Hansing** por el doping positivo de los jugadores Lucas Martínez Quarta y Camilo Mayada en la Copa Libertadores, cargó contra **la FIFA y la Conmebol que "encubren" estos casos para otorgarle impunidad a "las mafias que están destruyendo la integridad de los deportistas".**

Además consideró que los futbolistas son víctimas de un "médico inescrupuloso que le mintió a todo el país"

"Si hubiera una contaminación debería haber una denuncia contra el laboratorio, que nunca la hubo", remarcó

Camila Mayada y Lucas Martínez Quarta

Jugadores de River que dieron doping positivo por toma de diuréticos que sirven para tapar otro tipo de drogas.

Declaraciones de la dirigencia y cuerpo técnico daban a entender que la sustancia había sido tomada por estos jugadores sin consultar a nadie.

Esto dijo Mayada en el 2018: "Los menos responsables fuimos Lucas y yo y terminamos pagando el mayor castigo".

A su vez Martínez Quarta dijo: "Solo tomé lo que me dio el médico". Estos casos y otros serán tratado más adelante.

Parece QUE SOLAMENTE estos ¿2 únicos jugadores? necesitaban tomar vitaminas en el plantel millonario, aunque tal vez la toma de "vitaminas" se haya vuelto a activar para el partido final en Madrid ya que no hubo control antidoping.

Cometabol o Corrupbol

Ya comentamos algunos de los personajes que la integran o integraron, pero quiero destacar que River se ve favorecido permanentemente por los fallos y arbitrajes de la COMETABOL (gran parte de ellos serán comentados en este libro) por lo menos del 2014 a 2018.

Una breve reseña de los mismos:
- De los árbitros voy a hablar en otra parte del libro.
- Se da por suspendido el partido y se elimina de Boca en el caso de la agresión con "gas pimienta" por agresión de sus hinchas (¿y de la policía de Berni?).
- Permitió que River que llegó a la Conmebol antes que Boca a Paraguay hiciera una presentación de pruebas del "gas pimienta", cuando era Boca el único que estaba citado
- Sospechas de mayores casos de doping positivos y aviso a River con anterioridad a difundirse el fallo.
- Por única vez se permite a los equipos incorporar mayor cantidad de jugadores después de haberse detectado el caso anterior.
- Jugador suspendido que jugó en varias ocasiones sin sanción posterior y sin intervención de oficio cuando a otros se les dio un resultado en contra de 3 a 0.
- M.arcelo G.allardo (más adelante veremos este sistema de puntuación del nombre y apellido) violó las normas de la CONMEBOL y el club recibió una sanción mínima cuando fue gravitante según el técnico interino para el resultado de un partido en el que estaba suspendido.

- Ataque al micro de Boca por simpatizantes de River y el club prácticamente recibió una sanción menor, y no como la que recibió Boca con el gas pimienta.

Además de haber tenido a numerosos presos en EE.UU. por corrupción y a otros que si se prueban los hechos que hacen deberían seguir el mismo camino, esta CONMEBOL tiene a tipos como sus médicos Osvaldo Pangrazio, Francisco Mateu, Jorge Pagura y José Veloso que "habrían presionado a los jugadores de Boca Juniors para que utilicen un medicamento prohibido y salieran a jugar" el duelo del 24 de noviembre, luego del ataque que sufrió el plantel 'Xeneize' en su llegada al estadio de River.

Ruggeri (ex jugador y capitán de la selección Argentina) contó lo que le dijo Carlos Tevez sobre los médicos de la Conmebol. "Entraron al vestuario y nos dijeron que 'tomen cortisona' (medicamento prohibido), porque el partido se jugaba".

La declaración de Ruggeri prosigue con "Tevez les dijo que iba a saltar el control antidoping y le respondieron: 'Quédense tranquilos que no pasará nada con el doping'. Entró el médico con varias jeringas y nos dijo: 'Pónganse esto. Así están bien para las 18. A esa hora arranca el partido". Con razón el caso "Doping" se resolvió con solo 2 jugadores suspendidos.

Jorge Pablo Brito

Director del Banco Mayo, hijo de Jorge Brito dueño de la entidad bancaria, que tuvo que renunciar a su cargo de presidente ya que se lo investiga en casos de corrupción.

El vicepresidente primero de **River** fue designado en la **Comisión de Cumplimiento y Auditoría de la Conmebol**, creada a partir del nuevo estatuto de la entidad sudamericana.

"Es un honor formar parte de esta comisión, **trataremos de mejorar la calidad institucional de la Conmebol** y de acompañar el camino de la **transparencia (ja, ja parece un chiste)** y el **profesionalismo (ja, ja, parece una broma)** que está buscando el fútbol sudamericano", declaró el dirigente.

El Enzo

Ex jugador y manager de River, denunciado por un dirigente de River por su contrato astronómico en el club.

Además habló de "movimientos sospechosos" en las cuentas de River que podría vincularse a los depósitos offshore en Andorra.

"Pueden estar incursos en el delito de administración fraudulenta tanto Gilligan, como Francescoli, D´Onofrio, y Patanián, porque River le pagó US$2,5 millones retroactivos a 2014 a Francescoli. No hay respaldo de esto en ninguna documentación y creemos que pudo haber sido depositado en la cuenta en Andorra", cerró.

El nuevo contrato a El Enzo que había venido por su amor por River también trajo aparejado problemas. En reunión de CD se aprobó el contrato del manager (2018) y el pago que recibirá este año que, entre sueldo y gratificación especial, se acerca a u$s 1.000.000. La cifra y que el vínculo sea en dólares en un contexto devaluatorio, generaron aireadas quejas.

Decía Roncagliolo "cuando vamos a la reunión de Comisión Directiva, nos encontramos con un despacho del Presidente Donofrio, donde le renuevan el contrato en estas: condiciones, 30.000.- dólares por mes -mas- 454.856.- dólares en cuotas trimestrales como gratificación anual extraordinaria. VIGENCIA RETROACTIVA al 1° de Enero de 2018 - hasta - 31 de diciembre de 2021.

El dirigente agregaba lo siguiente: "Horacio Roncagliolo exclusivo: FRANCESCOLI SIENTE UN AMOR DOLARIZADO POR RIVER" referenciándose que había llegado gratis por su amor a la institución.

El Enzo es quien trajo a Gallardo de Uruguay.

Paco Casal

Francisco Paco Casal, dueño de Tenfield y GolTV, socio y apoderado de Enzo Francescoli, que ha negociado y comercializado varios pases de jugadores con River.

En Uruguay hay numerosos críticos de la relación comercial de Enzo con Paco Casal, un polémico personaje por su gran control sobre los clubes locales, y propietario de la empresa que transmite los juegos, Tenfield; de la cual Enzo y su excompañero Nelson Gutiérrez forman parte. Según antiguos rumores; Enzo y otros importantes jugadores uruguayos que jugaban en Europa afirmaban que Casal les ordenaba no jugar en la Celeste, en respuesta a sus peleas internas con la Asociación Uruguaya de Fútbol.

Actualmente, Enzo es vicepresidente de las empresas Tenfield y Gol TV, propiedad de Francisco Casal.

Al parecer, este dueto son los responsables de que los árbitros uruguayos dirijan a River en todas las finales internacionales.

Asimismo en relación con Paco y el Enzo, Roncagliolo dirigente de River comentó que Paco Casal **tuvo intervención en la compra de los jugadores uruguayos Camilo Mayada, Tabaré Viudez, Iván Alonso, Marcelo Sarachi y Nicolás De la Cruz.**

Horacio Roncagliolo pidió la renuncia de otro dirigente de la entidad millonaria, **Valentín Díaz Gilligan como vocal titular de la comisión directiva del club, tras conocerse la** existencia una cuenta offshore del ex subsecretario general de Presidencia en Andorra.

"Pedimos al presidente la remoción porque es evidente que el propio **Gilligan reconoce haber tenido una cuenta en un paraíso fiscal como es Andorra, nada más y nada menos que con Francisco Paco Casal, dueño de Tenfield y GolTV, socio y apoderado de Enzo Francescoli, que ha negociado y comercializado varios pases de jugadores con River, y esto es incompatible con su función, y con la intermediación deportiva"**, expresó Roncagliolo.

"Esto es tomarnos de imbéciles a los periodistas, a los socios de River, y la gente del fútbol. Es una cosa insólita. **Este señor no puede estar en la comisión directiva de River** y nada menos que como vocal titular para votar balances y comprar jugadores.

Roncagliolo no te preocupes a todos los simpatizantes de Boca también nos tomaron de imBéciles.

Otro Ceo de TORNEOS

El conductor FANTINO contó un episodio que se vivió en la cena solidaria del Millonario. **Acusó a Ignacio Galarza, CEO de la empresa que televisa la Copa de falta de ética.**

Alejandro Fantino relató un episodio que se dio en la **cena solidaria de River.** Lo hizo en su programa de radio La Red, *Uno de los nuestros,* y el audio generó adhesión en las redes con el hashtag **#TorneosYRiver**.

En un momento dado, **Gonzalo *Pity* Martínez** e **Ignacio Scocco** subieron al escenario a subastar los botines con los que les hicieron los goles a **Boca** en el último Superclásico.

El que ofertó la increíble suma de **2.000.000 de pesos** fue Ignacio Galarza, CEO de Torneos, la empresa que tiene los derechos de televisación de la **Copa Libertadores**.

Más tarde fue presentada otra subasta. **Un sorteo para utilizar el estadio Monumental.** Una subasta para alquilar la cancha y que el oferente pueda jugar con sus amigos como si fueran profesionales. Galarza, otra vez, fue el ejecutor de la cláusula.

"**La noche del gas pimienta, el coimero de Burzaco** (ex CEO de Torneos) entró de gorra y ayudó a que el partido se terminara. Torneos es una empresa gallina. Burzaco influyó en una decisión tomada por la Conmebol", dijo el conductor.

Fantino reclama falta de ética por parte de la empresa. Dice que Galarza se mueve con "impunidad" y que estas acciones "**muestran que vos, que sos el que generás la señal de televisión que define el VAR, sos fanático de River**".

Según un periodista amigo es el que también te para las jugadas donde "convienen" pararlas para determinar posiciones adelantadas y otras.

Pablo Lunati

Ex árbitro de futbol y actualmente comentarista deportivo, reconocido fanático de la entidad millonaria.

A propósito de Lunati esto decía INFOBAE:

"Si a todo esto algo le faltaba era lo insólito, **un símbolo de la corrupción que pudiera probarse (si es que no alcanzara con aquel allanamiento en el que supuestamente se le encontró, en una de sus propiedades, un "santuario" de River)** y ocurrió cuando se descubrió que **Pablo Lunati es titular en Miami de una firma llamada "Todo Pasa"** (la frase que Julio Grondona llevaba en un anillo y que marcó a fuego su gestión inmoral en AFA y FIFA) que no está declarada a las autoridades nacionales y que lo llevará directo al juicio oral siempre y cuando aquel leit motiv que impuso "Don Julio" y que parece haber subyugado al

bochornoso juez no vuelva a primar. Y todo por $28 mil al mes".

Este corrupto, de acuerdo a lo que el mismo reconoció, "ayudó" a River cuando dirigía, sobretodo en el Nacional B, fue el primer árbitro del clásico una vez que River volviera de la segunda división.

Leo Farinella

La verdad que este individuo no tiene la entidad suficiente para que hable de él, solo le digo que es un generador de violencia permanente desde sus columnas en la revista "OBE", y al hincha de River le doy un consejo que no se lleve por este poco profesional periodista que dijo:
- Boca ascendió por decreto, y se le olvidó de decirles que River no se fue a la B en ese mismo año siendo último del torneo por "ese mismo decreto". Pero lo más grave fue no decirles que River un par de años antes ascendió de tercera a segunda división saliendo último en el torneo (¿cómo lo llamará a esto LEO?).
- "Boca un campeón de primera" tituló OBE en obvias referencias a que River estaba en la B y perdiendo con Boca Unidos al mismo tiempo (¿mercenario?).
- Boca puso al árbitro uruguayo de la final, cuando todo el mundo sabe que eso es tarea del Enzo y Paco, ayudados por Domínguez.
- El partido más importante de la historia de los clásicos rivales, cuando todo el mundo sabe que para River el partido más importante fue el que jugó con Belgrano. Si quiere saber ¿Cuáles son los partidos más importantes para el hincha de Boca? Acá se los digo: el primero es el ganado al Real por el mundial de clubes, el segundo y el tercero, el ganado y el perdido con el Milán por la copa

del Mundo, el cuarto el perdido con el Bayer Munich, el quinto cuando salió campeón del mundo con el Borussia, el sexto el jugado por Libertadores con San Pablo (3 veces campeón del mundo) y séptimo/octavo los jugados con el Santos (equipo 2 veces campeón del mundo) en donde ganó y perdió finales de Libertadores, luego el Corinthians (también 2 veces campeón del mundo) y aquí recién aparece River y la final más manchada de la historia.

Rodolfo D'Onofrio

Presidente del club a partir de diciembre del 2013, empresario que perdió la elección con Daniel Pasarella del 2009 por solo 6 votos **(acostúmbrese lector, en River todo es extraño).**

Un dirigente que además de presidir todo lo comentado anteriormente, es un generador permanente de violencia y ventajero a cualquier costa para obtener un resultado positivo:

Antes de jugarse el partido revancha de la Libertadores 2015 con Boca dijo lo siguiente (como si Pitana, Vigliano, Trucco, Delfino, otra vez DelBino no lo hubieran beneficiados en torneos internacionales y nacionales antes): "Si Herrera dirige mal se le acaba su carrera de internacional" (quizás fue para atajarse de todos los partidos con Boca donde fue favorecido). Este señor no es quién para lanzar semejante frase porque no tiene el poder para hacerlo, ¿o sí? Por supuesto la prensa anti-Boca nada comentó al respecto.

Avaló primero para sacar ventajas en la Supercopa Argentina jugada contra Boca (lo que consiguió perfectamente con el pésimo arbitraje de Loustau) las frases de la "Guardia Alta" y de la "AFA Bostera" pese a que lo seguían beneficiando permanentemente los árbitros. Luego de ganado el partido fue atenuando sus comentarios; la guardia alta era que debían mejorar en defensa. Sobre este tema también vamos a charlar más adelante donde les comentaré lo que piensa el responsable de los árbitros en Argentina (SADRA) referente a D'Onofrio y su prensa adicta.

"Vení a jugar, pueden ganar, no somos tan buenos" le dijo al presidente de Boca un día después que habían atacado al bus de Boca. Parece que no le importaba en lo más mínimo la salud de los jugadores de Xeneizes, porque presionó no solo el día que se debía jugar el partido sino al otro día también. Asimismo se olvidó de todo lo que dijo con el tema del "gas pimienta", de su "corrida a Paraguay cuando no lo habían llamado", de la sanción a Boca y si bien según él River nada tuvo que ver con el ataque al micro, sí lo tuvieron sus simpatizantes por lo que se le olvidó pedir disculpas.

"Vos me diste tu palabra, al presidente de la Conmebol y a mí. No le hagas caso a lo que te están diciendo. Toma la actitud que tienes que tomar, acá sirve tomar una actitud hacia el mundo". De las disculpas a Boca y sus jugadores parece el silencio atroz que manifestó una vez un jugador de RiBer de sus simpatizantes.

En diálogo con *TyC*, el dirigente no ocultó su malestar por este "séptimo cupo" de extranjero para el torneo local que beneficiaría solo a Boca: **"Cuando un jugador está lesionado, está lesionado y no hay más nada que hablar.** No entiendo qué es suspender. Como mucho queda libre y así tiene el cupo". Parecía preocuparse por Boca, pero cuando doparon a medio plantel no le importó que la Cometabol les habilitara insólitamente y por única vez la contratación de más jugadores para inscribir en la lista de la competición de Libertadores.

También lanzó una chicana contra Macri presidente de la nación: "Veremos qué ocurre. Ojalá que el presidente se saque un poquito la camiseta de Boca y me venda la tierra". No te preocupes Donafrio, ya nos dimos cuenta que a Macri le interesa más que le vaya bien a Riber que a Boca. Si no pregúntale a tu colega Angelici por el silencio de todo lo que viene pasando desde que vinieron de la B.

Otras perlitas explicadas mejor por un diario rosarino:

La salida de Lucas Alario por la cláusula de rescisión al Bayer Leverkusen de Alemania desató la polémica. Ahora en la vereda de enfrente, River se queja de las formas y repudia lo que antes hizo. A los dirigentes de Central les tocaron sufrirlo en carne propia en dos ocasiones. Primero con Marcelo Larrondo y, un año después, fue el turno de Javier Pinola. Ambos pases tuvieron varios puntos en común: contratos con cláusula de rescisión, jugadores importantes que habían estado varios meses lesionados y, fundamentalmente, la sorpresa y la rapidez con la que actuaron todos los protagonistas.

De un día para otro, Larrondo y Pinola dejaron Central para vestir los colores de River. Legalmente amparados, los jugadores no cuidaron las formas y marcaron precedentes en el fútbol local. Mientras los directivos canallas emitieron comunicados y declaraciones subidas de tono, **desde Núñez se abocaron a defender los derechos de los futbolistas y el "libre comercio" deportivo.**

Lo que antes era permitido e ingresaba en el marco de la "libertad de los jugadores", ahora es inadmisible y repudiable. Un doble discurso, una doble moral en la cual primero se destacaba la ausencia de códigos y ahora se los reclama.

Párrafo aparte merecen **los medios de comunicación y operadores de prensa porteños, que bailaron (y bailan) al ritmo** que marcan los dirigentes millonarios. Al igual que D'Onofrio, se dieron vuelta y pasaron a criticar lo que antes fue avalado. A pesar de la distancia, se ven claramente los hilos de las marionetas, mucho más cuando se ejecutan movimientos bruscos y poco cuidados.

Para terminar con este personaje que según mí criterio le hace muy mal al futbol, otra declaración que a veces olvida (¿o no?) es la siguiente: ……… **"hoy la mancha que tiene River de irse a la B la hubiésemos superado. Es una *"mancha eterna"* que nosotros intentamos superar pero está"**.

M.arcelo G.allardo

Actual director técnico de River, ganador de torneos muy valiosos para la institución (ninguno correctamente o por lo menos sin ningún manto de sospecha sobre los árbitros que los dirigieron y/o Cometabol).

La prensa COMPRADA quiere compararlo con Carlos Bianchi mientras fue director técnico en Boca Juniors, voy a hacer un cuadro en orden de importancia para que quede claro el tema:

Carlos Bianchi				M.arcelo G.allardo			
	J	G	%		J	G	%
Copa del Mundo	3	2	67	Copa del Mundo	2	0	0
Copa Libertadores	4	3	75	Copa Libertadores	4	2	50
Liga Local	10	4	40	Liga Local	6	0	0
Otros Internacionales	0	N/A		Otros Internacionales	5	4	80
Otras Locales	0	N/A		Otras Locales	8	3	37
TOTALES	17	9	53		25	9	36

N/A = No aplicable, J = jugados, G = ganados, % de efectividad.

Como se ve en el cuadro los torneos ganados por Boca, en menor tiempo, no tienen comparación ya que la máxima competición de clubes fue ganada por Bianchi en 2 oportunidades contra 0 de Gallardo.

Creo que no es comparable tampoco con Juan Carlos Lorenzo (el Toto) que ganó una copa del mundo, 2 Libertadores y 2 torneos locales en solo 3 años. Ni tampoco con el Coco Basile que ganó todo lo que jugó en el año que estuvo en Boca con 3 títulos internacionales y 2 locales (además de las 2 copas de verano).

Al igual que el anterior es otro personaje generador de violencia permanente mediante sus declaraciones, con doble mensaje y una hipocresía que realmente no se puede creer, con tal de sacar alguna ventaja extra deportiva para su equipo, pero sobre todo para él.

Por allí este señor dijo: "Fue una de las cosas más nefastas que viví dentro de un campo de juego. La impotencia que daban ciertas actitudes de gente que yo creía que estaba solidarizándose ante un momento tan asqueroso como el que vivimos, y al mismo tiempo estaba pensando en cómo sacar ventaja". Esto es por el "gas pimienta", pero se lo vio muy callado cuando sus presidentes (el de River y la Cometabol) amenazaban a Boca para jugar pese a que el ataque al micro fue muchísimo más serio y peligroso del sucedido en la Bombonera.

Gallardo: "Por Macri (presidente de la Nación) y Tapia tenemos que estar con la guardia alta" declaraba antes de jugar la Recopa de Argentina con Boca.

Esto decía Angelici: "**Porque se vienen los clásicos, los partidos y entonces empezás desde ahora… Es muy viejo eso, muy antiguo.** Uno **no puede empezar a abrir el paraguas por las dudas** que pase algo e involucrar al presidente de la AFA y mucho menos al de la República". Lástima para el hincha de Boca, que esto "que es muy viejo" le dio innumerable títulos al club de la "Banda" y sobre los que Angelici NO OPINÓ.

También protestaba contra un árbitro y la "AFA bostera" por un arbitraje de un partido a principios del 2018, siendo que RiBer estaba a 21 puntos del primero Boca Juniors. En su desesperación involucraban con el resto de la "Banda" (D'Onofrio) hasta el presidente de la Nación.

Que ganó con esto el "BBueno de M.G."; el campeonato No porque estaba a muchos puntos, pero si le hizo ganar la Supercopa Argentina con el pésimo arbitraje de Loustau, aunque el más importante logro fue que debido a sus declaraciones "con la guardia en alto" debido a que Mauricio Macri y la máxima autoridad de la AFA, Chiqui Tapia, son reconocidos hinchas de Boca fue que en distintas canchas se insultara al Presidente de la Argentina.

"**¿Vinieron a cagarnos hoy? Vinieron a ganarnos. Decime y me voy**", gritó enfurecido **M.arcelo G.allardo a Jorge Baliño** en pleno partido entre River y Godoy Cruz en el Monumental. Esto le decía al árbitro, que le había anulado 2 goles perfectamente válidos a Tigre, 4 meses antes jugando contra River en Victoria.

En una convocatoria a las selecciones sudamericanas esto decía un diario local: "La doble moral de Gallardo: liberó a Quintero para Colombia pero no a Armani para Argentina".

Este señor que habla de moral y cumplimiento de las leyes esto decía: "Me tomé el atrevimiento de bajar y hablar con los jugadores porque creí que ellos lo necesitaban y yo también. Tal vez **incumplí una regla**, porque no estaba permitido, **lo reconozco y lo asumo**, pero era lo que tenía que hacer y lo volvería a hacer".

En ese mismo ámbito vociferaba: "Sácame la foto bien, vení vení, no te vayas…", expresó M.arcelo **G.allardo apenas vio que el oficial de la Conmebol lo fotografiaba**.

El dirigente se fue raudamente y el "Muñeco" tuvo otro cruce con periodistas. **"Tramposo" y "vergüenza"** se alcanza a oír mientras Gallardo camina por el pasillo. **"Gallardo usted está suspendido, ¿por qué entró en el vestuario?"**, interpeló otra persona.

Además de dirigirse al vestuario en el entretiempo, Marcelo Gallardo utilizó un handy para comunicarse con

el banco de River. *Esto también estaba prohibido por la Conmebol pero al "impune" M.G. poco le importa.*

Conclusión primaria

Lamentablemente todo ese buen prestigio que tenía la institución, ganando títulos y jugando al futbol como en la época de "La Máquina" o perdiendo como en la época en que estuvo 18 años sin salir campeón (más de 30 campeonatos) pero con notables jugadores como es el caso de los hermanos Onega, Artime, Ramos Delgado, Mas, Alonso, Solari, Amadeo Carrizo, Delem, Cap, etc., "lo fueron perdiendo" en esta última época, como ya vieron hasta ahora por un manto de sospecha (para llamar en forma suave a lo que es en la realidad), de cosas muy alejadas de la justicia y la transparencia en TODOS los campeonatos ganados y en la mayoría de los perdidos también.

El HONOR no se pierde con una derrota deportiva e incluso con bajar de categoría, pero sí con todos estos hechos que para mí no dejan dudas de lo que aquí pasó durante el período 2014-2018, o cuando para no descender activaste una alarma contra incendio en el hotel dond e se hospedaban los jugadores de Belgrano la noche previa al partido, habilitaste a un jugador suspendido durante 3 meses (Lamela) para poder jugar la promoción, o le pegaste a un jugador, o hiciste pasar a la barra en el entretiempo para amenazar al árbitro y que te "regalara" un penal cosa que finalmente hizo, o quemar la cancha, destrozar el barrio, crear la máquina de entradas "truchas" para tu barra, etc. etc. etc pero paro porque si no escribo otro libro.

Igual no se preocupen lectores que ya sabemos que GRANDE en el futbol argentino hay UNO SOLO y como dice un amigo NO HABRÁ PAZ en el resto hasta tratar de que el mismo, haga lo que hicieron todos los demás.

Capítulo II – Los amistosos del verano 2014

Si bien, no sería muy importante referirnos a partidos amistosos por más clásicos de que se traten; **estos casos representaron el comienzo de la historia que vamos a contar.**
Aquí el director técnico de River era Ramón Díaz y el de Boca Carlos Bianchi por lo que hasta aquí y hasta mediados del 2014 vamos a referirnos exclusivamente **"al gran robo"** y no a la **"m.entira g.rande"**.
El 18/01/2014 en el estadio Minella de la ciudad de Mar del Plata se disputa el clásico con German Delfino de árbitro (a partir de ahora DelBino por su manifiesta parcialidad con un uno de los equipos como vamos a ver más adelante). Con Boca ganando 1 a 0 el juez comenzó a dar tiros de esquina a favor de River (por lo menos 5) que evidentemente ante cada repetición televisiva se demostraban que no eran, para luego dar un gol de Maidana (defensor de CARP) con un evidente planchazo en el pecho al arquero de Boca; en este caso Agustín Orión quién quedó en el piso por 2 minutos aproximadamente. Cuando el arquero logró recuperarse levantó su buzo y se veía claramente por televisión la marca de los tapones en su pecho que mostró a DelBino. Tanto esto como lo comentado primero llevó al reclamo del Cata Díaz (defensor de Boca), quién fue expulsado por ello a los 44 minutos del primer tiempo.
Esto decía INFOBAE referente a esta jugada:

"Maidana, con un 'planchazo' incluido sobre Orión, anotó el empate de River ante Boca en el clásico"

"**El ex Boca, quien ya supo convertirle al conjunto de La Ribera por torneos oficiales, estableció el 1 a 1 en Mar del Plata. Con la pelota en el área, el defensor tomó el balón y cuando se le iba largo, se arrojó con los pies para adelante, dándole en el pecho al '1' del "Xeneize", quien se quedó en el piso mientras el balón ingresaba a su valla. Germán Delfino dijo que no fue nada".**

Otro comentario al respecto de este partido: "**El primer error grave del juez fue la no expulsión de Maidana por un codazo sin pelota a Gigliotti. El colegiado interpretó foul en esa acción, aunque su sanción solo fue una tarjeta amarilla. Este falló se agravó cuando convalidó un gol del defensor en el que, luego de patear la pelota, impactó los tapones de su botín en el pecho de Agustín Orion. Por si fuera poco, tras un corner mal sancionado a favor de los de Núñez, una protesta de Daniel Díaz terminó con el pito echándolo de la cancha. En pocos minutos, Delfino salvó al Millonario de quedar con un jugador menos, regaló el empate a ese equipo y dejó a Boca con diez para jugar todo el segundo tiempo. Un papelón".**

Telam reflejaba en su página: "**Boca fue más que River pero Delfino incidió en el resultado".**

Posteriormente, el 25/01/2014 se juega en el Kempes de Córdoba otro partido veraniego con el arbitraje de Abal, **quién "insólitamente" convalidó un gol de CARP cuando se derivaba ¿de sacar 2 saques laterales al mismo tiempo?** El segundo gol con el que River ganó 2 a 0 fue en **evidente posición adelantada.**

Ante los reclamos del Sr. Bianchi quién protestó (**todavía en esa época un representante de Boca podía ejer-**

cer una protesta ante lo que consideraba injusto) de manera no correcta, aduciendo que por esos y otros fallos el árbitro no iba a ir al mundial de Brasil, fue expulsado en el entretiempo. Aunque posteriormente el árbitro negó que por ello fuera expulsado, nunca manifestó porque lo expulsó.

El tercer y último partido del verano se disputó en la ciudad de Mendoza el 1 de febrero de 2014, y con el encuentro 1 a 1 a poco del final el **jugador Carbonero mediocampista de CARP empuja de atrás a Zárate (defensor de Boca) y cuando los jugadores se estaban deteniendo por la supuesta infracción, el árbitro Pitana (otro que aparece y bastante en este libro) hizo seguir el juego** lo que originó el triunfo millonario por 2 a 1.

Si bien es una página partidaria esto decía "Soy Boca":

"A nuestro criterio **hubo 2 penales que el Riverplatense Pitana no cobró. Un foul y un empujón cuando un jugador de Boca estaba en el aire que seguramente no vio. Luego cuando Boca perdió las marcas sobre el final del primer tiempo una jugada similar para River fue observada por el increíblemente mundialista**".

Aquí se terminaron los amistosos del verano del 2014, y perdonen la insistencia pero **si los tomamos estos como hechos aislados tal vez serían errores arbitrales, pero con lo que seguimos contando……?**

Les cuento de otros amistosos pero solo para informarlos:

El 10/10/2015 en el estadio Kempes de Córdoba en Boca 0 – RiBer 1 – **Beligoy no ve una trompada de Chiarini a Magallán que dejó al jugador de Boca unos segundos inconsciente lo que hubiera derivado en un penal y expulsión del arquero de RiBer; ahora lo que si vio un rato después la falta de Monzón y su expulsión en el primer tiempo.**

El 23 y 30/01/2016 – Boca 0 – riBer 1 – Ganó River ambos partidos por **2 penales dados a su favor**.

El 02/09/2017 en San Juan – Boca 1 – RiBer 0 – **¿Qué raro?; que sin discusión de la actuación de los árbitros los SUPLENTES de Boca le ganan a los TITULATRES de RiBer.**

Capítulo III – El comienzo de los oficiales, el Pitanazo

El 30/04/2014 se juega en el estadio de Boca Juniors el primer clásico oficial del período relatado con el arbitraje de **Néstor Pitana** quién comenzó con sus lamentables formas de dirigir e imponer **injusticias** en los clásicos (todas para el mismo lado).

Este clásico se lo conoce como el Pitanazo, por la frase con la cual es coincidente todo espectador imparcial que haya visto el partido: **"Sin el Pitanazo no perdíamos contra River" (Carlos Bianchi).**

En las redes se quiso minimizar la influencia de Pitana con frases como el **"No fue corner"**, que si bien era cierta, eso solo tal vez solo podría tratarse de un error arbitral, que ente caso influyó en el resultado, pero en la mayoría de los casos no hubiera tenido una influencia significativa.

Esto pasó solamente en el primer tiempo:
1. Apenas comenzado ante una evidente y violenta infracción de Ledesma medio de River sobre el Burrito Martínez, Pitana **marca la infracción exactamente al revés**.
2. Después de superar a Maidana defensor de River, Erbes medio de Boca se iba solo al gol cuando Pitana hace sonar su silbato, Maidana iba a reclamar que no había cometido penal y Erbes protestaba porque no lo dejaron seguir. El juez ¿cobró tiro libre a favor de CARP?; lo dejo con signos de interrogación porque hasta el día de hoy no se sabe que vio Pitana que nadie más vio.

3. El juez ante un corner a favor de Boca para el juego y advierte a Balanta (defensor de CARP) y Gago (mediocampista de Boca) que ante cualquier agarre, además de cobrar lo que corresponda será o serán sancionado con tarjeta amarilla. Cuando se ejecuta el tiro de esquina Gago se desprende de su marca y es claramente tomado por el defensor, pero el árbitro que sí vio la jugada no la cobró (por TV se ve perfectamente la ubicación de Pitana y que está mirando a 2 metros de los jugadores). La pregunta es ¿por qué no lo sancionó?
4. Sobre el cierre del primer tiempo Boca iba avanzando en su campo a través de Riquelme en su campo cuando Giglioti delantero de Boca decide correr esperando el pase, no obstante Riquelme la sede a la punta; mientras esto sucedía Maidana le pega una fuerte patada sin pelota a Giglioti para cortar el eventual pase que nunca sucedió. Como la jugada siguió, se pensó que Pitana no había visto la clara falta de expulsión. No es así, ya que cuando terminó la jugada Maidana fue solamente amonestado.

En el segundo tiempo, se produce una posición adelantada del jugador Gutiérrez, no sancionada por el juez de línea quién estaba a menos de 2 metros del jugador de CARP y con ello llega el primer gol de River por parte de Lanzini. Si bien **el adelanto** no era muy evidente, la cercanía del línea **deja las dudas por que no se cobró la infracción.**

Luego sobre el cierre del partido con el partido empatado en 1, llega la jugada del **"no fue corner"**, que se produce cuando el jugador de Boca Grana rechaza y le pega a Lanzini, cobrando Pitana y su línea corner que derivó en el gol de Funes Moris para el 2 a 1 definitivo.

Decía Clarín de este arbitraje. **"Pitanazo". Sucedió en el Torneo Final 2014, el 30 de abril de ese año. Primero el asistente Hernán Maidana ignoró una posición adelantada** de Teo Gutierrez que derivó en el grito del 1 a 0, el de Lanzini. Después el árbitro Nestor Pitana, que no había sancionado un penal para Boca por falta de Álvarez Balanta sobre Gago, cobró un tiro de esquina inexistente que fue la antesala del cabezazo "histórico" (que manera de decir el gol por parte de "cierta prensa") Funes Mori, ante la mala salida de Orión. "Sin el Pitanazo no perdíamos contra River", dijo Carlos Bianchi, entrenador de Boca".

Este partido fue fundamental para el título ganado por River en el primer semestre de 2014; no obstante ver el próximo capítulo para verificar que no fue la única ayuda recibida.

Capítulo IV – River campeón Torneo Final 2014

Para los lectores queremos decir que seguimos con el primer título de River en este periodo, quien se consagra campeón del Torneo Final de 2014 disputado en el primer semestre del año de dicho año, con la dirección técnica de Ramón Díaz.

En este capítulo me voy a remitir, con algunos agregados, a lo que expresaba **INFOBAE** antes de terminar dicho torneo.

El título del medio informativo decía: Los 'beneficios' arbitrales que le dieron a River nueve puntos y lo llevaron a la cima.

"La realidad marca que los fallos arbitrales favorecieron claramente a los de Ramón Díaz en este torneo. Ante Arsenal, Vélez, Boca y Racing terminó ganando partidos que, de no haber sido por esas 'ayudas', los hubiera empatado y/o perdido. MIRÁ TODOS LOS 'BENEFICIOS'

"Dentro de la paridad que reina en el fútbol argentino, cualquier paso en falso o error puede tener un costo elevado. Es decir, los puntos que se pueden perder o ganar por cuestiones ajenas a lo directamente relacionado con el juego pueden ser cruciales para el futuro, **para la definición de un título o de un descenso.**

La realidad marca que los fallos arbitrales a lo largo de este campeonato terminaron favoreciendo al "Millonario", otorgándole nueve puntos y posicionándolo como uno de los líderes del torneo (junto a Gimnasia)".

FECHA 7: **Pablo Lunati** quedó sumergido en el centro de la escena al **darle al "Millonario" un penal que no fue**. El extrovertido colegiado sancionó una pena máxima por una falta sobre Leonel Vangioni, pero **esta aconteció claramente fuera del área**.

Fernando Cavenaghi cambió la acción por gol y el local se impuso por 1 a 0 ante Arsenal.

FECHA 10: El partido se moría y parecía que el resultado terminaba en empate (aunque el primer gol de River había sido en posición adelantada). Sin embargo, a poco del cierre, Néstor Pitana que había ignorado un claro penal a Gago y no expulsó a Maidana en el primer tiempo, cobró un córner para River cuando en realidad debía sancionar saque de arco para Boca. Ramiro Funes Mori ganó en las alturas y puso el 2 a 1.

FECHA 12: Aquí lo perjudicaron a poco del cierre cuando Fernando Echenique dio como válido un gol a Belgrano cuando la pelota nunca ingresó. Es cierto esto, pero también lo es que antes lo habían favorecido. **En la conquista de Teófilo Gutiérrez, el colombiano le cometió una clara falta a Juan Carlos Olave.**

FECHA 15: Contra Vélez, otra vez el colombiano marcó un tanto que le debió ser invalidado. El atacante sacó provecho de estar dentro del área tras un mal saque de Sebastián Sosa. Silvio Trucco debía haber parado la jugada para advertir al "cafetero" y hacer repetir la falta.

FECHA 17: Otra vez terminó con una manito en el partido con Racing. Diego Abal sancionó una polémica falta contra el "Keko" Villalva y en el segundo, Rojas obstaculizó la visión de Sebastián Saja, en evidente posición adelantada.

Para pasar en limpio. Sin estos nueve puntos de más que terminó teniendo los de Ramón Díaz, el "Millonario" ya no sería el líder y en vez de 31 unidades tendría 22.

Repito lector que esto tomado individualmente, como gran parte del periodismo quiso y lo sigue haciendo, tal vez se trate de una racha favorable de "ayudas" por fallas arbitrales. Pero teniendo en cuenta lo relatado hasta el momento más lo que sigue, esto no puede ser tomado de dicha manera.

Capítulo V – El primer Viglianazo

Aquí podemos mencionar que a partir de este partido comienza la era oficial de Marcelo Gallardo, por lo que ya podemos comenzar a comentar todo el título de este libro, máxime que en la presidencia de CARP ya estaba Rodolfo D'Onofrio.

Este partido que fue disputado el 5/10/2014 en el estadio Monumental fue dirigido por Mauro Vigliano (hijo de un ex árbitro de futbol llamado Jorge Vigliano), a partir de ahora Bigliano, debido a la parcialidad manifiesta de este árbitro en favor de uno de los equipos que disputan los clásicos.

A pocos minutos de la finalización del primer tiempo, ante un tiro sobre la meta que defendía Agustín Orión, Fernando Gago rechaza la pelota con su cabeza la que luego de ello pega en su pierna izquierda.

El juez Bigliano **cobró penal** y ninguno de sus líneas ni el cuarto árbitro lo contradijo, enseguida el segundo error **expulsó a Gago** por una mano que no existió y otro "error" que comete en la misma jugada ya que **consideró situación manifiesta de gol**, cuando se apreciaba que el arquero de Boca estaba justo atrás del "mediocampista" con grandes chances de haber atajado dicho balón.

Esto decía el diario La Nación entre otros:

"**El error de Mauro Vigliano, que perjudicó a Boca: por una mano que no fue expulsó a Gago y cobró penal para River**"

"Según mostraría la televisión luego de la jugada, se equivocó al expulsar a Gago. No sólo porque no fue mano del volante de Boca, sino porque además, detrás del jugador estaba Agustín Orión. Es decir: la jugada no era manifiesta de gol".

El volante sufrió de esta manera la primera expulsión de su carrera en el fútbol argentino.

Asimismo al comienzo del segundo tiempo, un violento e injustificado planchazo en la mitad de la cancha de Mercado sobre Monzón, que pudo haber ocasionado una importante lesión al defensor de Boca, solo fue sancionado con tarjeta amarilla, cuando el silencio de la cancha reflejaba la certeza del público riverplatense de la inmediata expulsión del defensor de River.

Luego de ello con varias sanciones menores, dicho árbitro fue "inclinando la cancha" hasta el empate del millonario, resultando el 1 a 1 el resultado definitivo del partido.

Capítulo VI – Copa Sudamericana del 2014

Antes de comentar la semifinal de este torneo disputada por los clásicos rivales, vamos a comentar como llegó River a la misma y algunos datos de este período.

VI.1 Datos de la CONMEBOL en el año 2014

La **CONMEBOL o COMETABOL** como la vamos a llamar en varias oportunidades por esos años estaba presidida por Juan Ángel Napout, un **corrupto** empresario paraguayo que el 8 de agosto de 2014 se convirtió de manera interina en nuevo presidente de la Confederación Sudamericana de Fútbol.

La gestión de Napout al frente de la Conmebol se vería salpicada en el año 2015 a raíz de una fuerte denuncia por corrupción deportiva.

Finalmente el 11 de diciembre de 2015 presentó formalmente su renuncia, razón por la cual, de forma inmediata, Wilmar Valdez, presidente de la **Asociación Uruguaya de Fútbol** y uno de los vicepresidentes de la Confederación.

Finalmente, el 29 de agosto de 2018, la corte neoyorquina declaró culpable a Juan Ángel Napout de los delitos de fraude y asociación ilícita, habiendo cobrado más de 10 millones de dólares estadounidenses en concepto de coimas, siendo condenado a 9 años de reclusión efectiva. La fiscalía del caso, había solicitado para el ex-dirigente una pena de 20 años de prisión.

VI. 2 Octavos de Final – Estudiantes de la Plata – RiBer - IDA

El 30 de octubre de 2014 En el Estadio Ciudad de La Plata, y en juego de ida por los cuartos de final de la Copa Sudamericana se enfrentaron Estudiantes y River.

Cuando se jugaban 16 minutos del primer tiempo cuando el volante "pincha" Román Martínez ingresó al área de River y recibió un fuerte golpe de Marcelo Barovero. **Penal no otorgado por Diego Abal (en consecuencia el arquero de CARP no fue expulsado como hubiera correspondido),** y lesión para el volante de Estudiantes, que debió dejar la cancha a los 22 por el fuerte dolor que tenía en el tobillo derecho. Tras el partido, Martínez se hizo placas y el resultado arrojó que tuvo un esguince ligamentario interno que lo dejo por varias fechas fuera de un campo de juego.

Esto decía Perfil, "El penal de Barovero que no le cobraron a Estudiantes".

"El arquero de River **salió a cortar con los pies un mano a mano ante Román Martínez y lo terminó lesionando**: el volante de Estudiantes sufrió un traumatismo en el peroné".

El diario Clarín también aportaba los siguientes comentarios:

Román Martínez, después de la dura entrada de Barovero: "Me pidió disculpas"

"Se jugaban 16 minutos del primer tiempo cuando **Román Martínez** ingresó al área de River y recibió un fuerte golpe de Marcelo Barovero. **Penal no otorgado por Diego Abal,** y lesión para el volante de Estudiantes, que debió dejar la cancha a los 22 por el fuerte dolor que tenía en el tobillo derecho".

"En el entretiempo Barovero me pidió disculpas, me dijo que no había querido lesionarme, obviamente. **Me anticipé y él impactó en mi tobillo. No fue intencional**", relató Martínez en una entrevista en TyC Sports.

"Sentí como que se me fue el tobillo, y enseguida me di cuenta que no podía seguir. **Pudo haber sido más grave**", se lamentó Román Martínez, quien salió llorando del estadio con una bota en el tobillo.

El penal de Barovero que no le cobraron a Estudiantes (Fuente: Clarín)

El arquero de River salió a cortar con los pies un mano a mano ante Román Martínez **y lo terminó lesionando**: el volante de Estudiantes sufrió un traumatismo en el peroné.

En el Estadio Ciudad de La Plata, y en juego de ida por los cuartos de final de la Copa Sudamericana, Martínez se lesionó en el primer tiempo del partido ante River Plate, cuando Marcelo Barovero salió del arco y lo chocó al volante **cometiendo un penal que el árbitro Abal no pitó.**

En conclusión, si el árbitro hubiera visto ¿lo que no vió?, River se hubiera quedado con un jugador menos, su arquero, y un penal en contra a los 16 minutos del primer tiempo.

VI. 3 Octavos de Final VUELTA – RiBer - Estudiantes de la Plata

Una semana después se encontraron en Nuñez con la dirección de Pitanazo (otra vez) y a lo largo del primer tiempo, el León desperdició situaciones, aunque también se encontró con un Barovero iluminado. Eso continuó en la segunda parte. Siguió Estudiantes con su ímpetu ante un River sorprendido y desconocido. Y luego otra estupenda salvada de Barovero ante Auzqui. Queda reflejado que si **hubieran expulsado al arquero de CARP en el primer partido, no hubiera tenido la importancia que tuvo en la clasificación de River, ya que no podría haber jugado.**

Pero lo más importante es el **gol mal anulado a Vera**, delantero del pincha; al **que no le habían convalidado un tanto en el arranque por supuesta falta a Vangioni que no existió.**

Esto decía TN: "**Una manito para River: mirá el insólito gol que le anularon a Estudiantes**" mientras mostraban un video de la jugada.

"**Pitana vio infracción de Vera a Funes Mori. Pero en la repetición se ve claramente que el jugador del Pincha ni lo toca. (Fuente TN en la revancha)**".

Hasta la revista Olé tituló que había sido un gol mal anulado.

Esto decía el diario:

> Pese a ir perdiendo desde el primer minuto del partido, el "Pincha" salió a buscarlo y lo llenó de situaciones en contra al equipo de Marcelo Gallardo. Los de Pellegrino sobrellevaron **un gol mal anulado y una jugada polémica – ¿Era roja a Barovero en el penal?** – para terminar dándoselo vuelta al "Millonario".

Conclusión de la clasificación: Barovero debió ser expulsado en los 2 partidos, no se le otorgó un claro penal a Estudiantes y se le anuló mal un gol que era lícito.

VI. 4 Cuartos de Final IDA – Boca – RiBer

El 20 de noviembre de 2014 con arbitraje de Silvio Truco, jugaron el partido de ida en la Bombonera, y esto pasó (perdonen que esté resaltado pero es más que sorprendente):

Solo al minuto 03, de entrada, Vangioni sacudió al Burrito Martínez, quien había arrancado desequilibrando. Era para roja. Fue solo amarilla. Cabe aclarar que por esta lesión el burrito Martínez estuvo fuera de la canchas por 6 meses aproximadamente cortándole prácticamente su carrera futbolística en Boca. Lo de este jugador Vangioni en la jerga futbolística se lo conoce como "mala leche", que es "romper" a otro compañero de profesión sin medir lo que le puede afectar al compañero. Ya lo había hecho en un amistoso con el jugador Pavón y lo intentó como veremos más adelante con el jugador Gago. Lo raro de esto, es que el presidente de Boca NUNCA se quejó por estos hechos.

Al minuto 15, patada de Ponzio a Meli merecedor de tarjeta amarilla, solo cobró falta.

En el minuto 25, patada "mala leche" de Maidana a Calleri merecedor de tarjeta amarilla, no cobró ni falta.

Posteriormente rodillazo de Ponzio sobre Gago merecedor mínimo de tarjeta amarilla; a estas alturas Ponzio ya debería estar expulsado por doble amarilla (mínimo), iban 30 minutos del primer tiempo.

Luego otro patadon de Ponzio sobre Meli merecedor de tarjeta amarilla, Ponzio ya debería tener 3 tarjetas amarillas y ni debería estar en cancha, seguía pegando y el árbitro no lo expulsaba.

Como si lo de Ponzio fuera poco, al rato se produce fuerte choque mal intencionado de Ponzio contra Gago merecedor de tarjeta amarilla, Ponzio ya debería tener 4 tarjetas amarillas y ni debería estar en cancha, seguía pegando y el árbitro no lo expulsaba.

En el minuto 40, patadon de Ponzio contra Gago merecedor de tarjeta roja, el árbitro recién le sacó su primera tarjeta amarilla, Ponzio ya debía tener 4 tarjetas amarillas y 1 tarjeta roja, pero seguía en cancha.

Al minuto 76, patadon de Piscullichi sobre Erbes para cortar un contraataque de Boca merecedor de tarjeta roja, el árbitro solo cobro falta.

Cuando transcurría el minuto 78, patada de Maidana sobre Calleri merecedor de tarjeta amarilla, el árbitro le saco amarilla, Maidana ya debería haber sido expulsado por doble amarilla, pero no lo expulsaron.

Cuando iban 79 minutos, una falta sin pelota del "mala leche" de Vangioni sobre Meli merecedora de tarjeta roja, el árbitro no cobró ni falta, Vangioni que ya tenía amarilla por la patada merecedora de tarjeta roja pero aun así seguía pegando y nunca le sacaron su merecida segunda tarjeta amarilla.

A ocho del final, falta de Mercado a Chavez merecedor de tarjeta roja, el árbitro solo le saco tarjeta amarilla.

Esto decía un ícono de la prensa riverplatense, **Ole, el 24/11/2014**: Fuerte lo del Burrito, gritando a cuatro voces por los últimos tres Súper: "El otro día, sin querer queriendo se han equivocado y han perjudicado a Boca. **Ponzio se tenía que haber ido expulsado,** la jugada de la patada a Meli es de amarilla; después en la de Fernando puede ser roja directa. **Lo mismo con Maidana**, que no lo amonestan en el PT y después agarra, tira la patada y hace falta. **River jugó con tres jugadores de más gratis, es difícil.** Si te cortan, te pegan, no sancionan con tarjeta, eso juega a favor de River en este caso. Fue la realidad más que la impresión, puede haber réplica o dos versiones, fue un cortemos - cortemos sistemáticamente. No tienen la culpa los de River, sino el árbitro".

Decía Clarín: "Los duelos picantes por la Copa Sudamericana ocurrieron apenas un mes y pico más tarde. En el primero, el 0-0 en la Bombonera del 20 de noviembre de 2014, a cargo de Silvio Trucco, **hubo vía libre para que River pegara y pegara**. De entrada, **Vangioni** sacudió al Burrito Martínez, quien había arrancado desequilibrando. **Era para roja.** Fue sólo amarilla. También **debió ser expulsado Ponzio**, quien sólo concluyó con amonestación a pesar de las **ocho faltas que cometió**. Además, se salvó de irse antes al vestuario **Mercado** por un patadón a Chávez.

Como conclusión de este partido debemos decir que Ponzio, que fue considerado el mejor jugador de la cancha, tuvo que haber sido expulsado en el primer tiempo (hasta el comentarista de la TV lo decía permanentemente).

Vangioni tuvo que haber sido expulsado en el primer tiempo, más precisamente a los 3 minutos.

Mercado, Maidana, Pisculichi y nuevamente Vangioni debieron ser expulsados en el segundo tiempo.

Me pregunto, sin estas reiteradas ayudas arbitrales, ¿Cuál hubiera sido el resultado del partido?

VI. 5 - Cuartos de Final Revancha – RiBer – Boca

Una semana después del partido anterior se enfrentaron nuevamente los clásicos rivales en busca de la final de la sudamericana, aquí dirigidos por Germán **Delfino**. Esta designación del árbitro no parecería "**curiosa**" sino por lo que vamos a comentar más adelante.

El partido comienza con una brillante atajada de un penal por parte de **Barovero (no debió estar si era expulsado como correspondería ante Estudiantes)** a Gigliotti.

A partir de aquí se observa lo siguiente:

Ante un rechazo de un corner favorable a Boca y la posterior habilitación al nueve de Boca, **se produce un gol a favor del xeneize, que es MAL anulado por el árbitro a instancias del juez de línea. La posición del jugador de Boca Gigliotti pudo ser de dudoso juzgamiento para DelBino, no así para**

Núñez el juez de línea que estaba perfectamente ubicado para sancionar mal.

Otra vez las reiteradas infracciones de **Poncio** merecieron **largamente su expulsión** pero como en el partido anterior completó tranquilamente el partido. **Un ejemplo: Ponzio para a Meli que se iba a solo, la falta fue de agarrada de camiseta. Ponzio ya estaba amonestado, pero DelBino se apiadó de dejar con uno menos a River... faltaba una eternidad para que terminara.**

Fuertes y reiteradas faltas, hubieran también merecido las **expulsiones de Maidana y Mercado.**

Por último parece que los jugadores de River tenían la orden de "cazar" a Gago, Pisculici debió ser expulsado por ello.

Esto decía Clarín: "La revancha, en el Monumental, una semana después, la ganó River 1-0 y se clasificó. **Al arbitraje, en este caso de Delfino, otra vez lo padeció Boca.** No expulsó a Ponzio y Mercado desbordados con el juego brusco. Aunque lo que más desequilibró la balanza fue que el línea Iván Núñez ya que **le anuló mal un gol a Gigliotti por una posición adelantada inexistente".**

La conclusión es que si validaban el gol de Gigliotti perfectamente habilitado el que hubiera disputado la final de la copa Sudamericana era el Club Atlético Boca Juniors.

Una vez finalizado el encuentro "un simpatizante", entra al campo a molestar y provoca a los jugadores de Boca. Esto provocó una reacción de 3 de ellos.

El árbitro presentó un informe identificando a este sujeto como **directivo de River**.

Cabe recordar **el empleo de pirotecnia** en la entrada de River al campo de juego.

Dice el artículo 7 del reglamento de la Cometabol, que serán pasibles de sanción quienes cometan actos de violencia o agresión.

El artículo 8 dice que los clubes son responsables de la seguridad y orden antes, durante y después del partido. **"Esta responsabilidad se extiende a todos los incidentes que de cualquier naturaleza pudieran suceder, encontrándose por ello expuestos a la imposición de las sanciones disciplinarias y cumplimiento de las órdenes e instrucciones que pudieran adoptarse por los órganos judiciales"**.

Asimismo también establece el reglamento de la CometaBol que las sanciones disciplinarias podrán imponerse a los clubes por comportamientos incorrectos o inapropiados de sus aficionados entre los que se señalan:

. Invasión o tentativa de invasión al campo de juego.

. Encender bengalas, fuegos artificiales o cualquier otro objeto pirotécnico.

. El uso de gestos, palabras u otro medio para transmitir cualquier mensaje no apropiado en un evento deportivo particularmente si es provocativa.

Las sanciones para estos últimos casos entre otras pueden ser obligación de jugar un partido a puerta cerrada, cierre total o parcial del estadio, prohibición de jugar un partido en un estadio determinado, descalificación de competiciones en curso y/u obligación de jugar un partido en un tercer país.

Por estas infracciones el Club Atlético River Plate no sufrió ninguna de las sanciones mencionadas por parte de la CometaBol y pudo jugar normalmente en su estadio la final de la sudamericana, donde repitió el caso de pirotecnia por ejemplo.

Ahora a los 3 jugadores de Boca por el incidente mencionado, se le aplicaron 3 fecha de suspensión a cada uno para partidos organizados por la CometaBol.

La pregunta es: ¿la CONMEBOL es una sucursal o peña del C.A.R.P.?

Referente a la final no voy a opinar porque no vi ninguno de los 2 partidos y no tengo referencias para realizar comentarios sobre la misma.

Solamente les digo que se acuerden de que la revancha de la final en cancha de River la dirigió **el árbitro URUGUAYO Darío Ubriaco, porque vamos a ver lo extraño que hay en estas designaciones cuando Riber juega una final en el ámbito de Sudamérica.**

VII – El primero del 2015

Por el torneo de primera división del 2015 en su fecha 11, el 3 de mayo de 2015 se juega en la cancha de Boca el primer partido oficial del año entre los clásicos rivales.

El arbitraje del encuentro estuvo a cargo de **Juan Carlos Loustau** (hijo de un ex árbitro).

Cuando el árbitro **comenzaba a inclinar la cancha ignorando un claro penal en el área de River y anulando una jugada de gol clara para Boca ya que avanzaban 3 jugadores contra 2 del rival con el cobro de una inexistente falta**, con 2 goles sobre el final Boca se impuso por 2 a 0.

Esto decía Clarín: "Sobre el final, y en una ráfaga de poco más de dos minutos, Boca encontró la victoria en el primero de los Superclásicos de mayo".

"En la Bombonera, el local le ganó a River 2 a 0 con goles de Cristian Pavón y Pablo Pérez sobre el cierre de un partido en el que ambos habían dispuesto de situaciones claras. Así, el equipo de Rodolfo Arruabarrena le quitó invicto al de Marcelo Gallardo y quedó como único puntero del campeonato".

Hasta ese momento los 2 equipos venían punteros e invictos en el torneo, pero les comento esto que no tendría demasiada importancia porque **el periodismo "antiBoca" instalaron el tema de que el Vasco Arruabarrena no ganaba clásicos.**

VIII – Las recopas

VIII – 1 – Recopa 2015

En el marco de la Recopa de la Conmebol se enfrentaron San Lorenzo de Almagro campeón de la Copa Libertadores 2014 y River Plate campeón de la Copa Sudamericana.

Otra vez DelBino dirigiendo de local en un partido internacional a River. Mirá lo que pasó: "**el árbitro Germán Delfino expulsó al enganche de San Lorenzo, Leandro "Pipi" Romagnoli** tras una pelea con el lateral Leonel Vangioni, el cual solo recibió tarjeta amarilla".

La revancha la dirigió Néstor Pitana quién ya era asiduo árbitro en dirigir partidos importantes de C.A.R.P. y está todo dicho (una sola es el gol de River con **clara infracción a un jugador de C.A.S.L.A.**)

VIII – 2 – Recopa 2016

Como campeón de la Libertadores 2015, a la cual ya nos vamos a referir RiBer más adelante, disputó con Independiente Santa Fe de Medellín de Colombia la Recopa de Sudamérica 2016.

Al cierre del primer tiempo en el mudomental, **un evidente penal del defensor riverplatense Mina,** quedó sin sanción por el árbitro Victor Carrillo.

A los 16 del segundo tiempo el defensor de RiBer Moreira, "cacheteó" una pelota en el área millonaria y **otra vez no hubo sanción de penal** por parte de Carrilo, quién raramente estaba en ambas oportunidades muy bien ubicado como para verlas.

Esto decían los periódicos de este partido:

Esto titulaba el diario Marca: **"Los penaltis no cobrados que pudieron cambiar la historia de Independiente Santa Fe".**

La Gaceta decía lo siguiente: **"Además de las dos acciones en el área local no sancionadas, el técnico Gustavo Costas se quejó por la reiteración de faltas cometidas por Ponzio (el mejor de la cancha, ¿pero qué raro, no expulsaron al jugador Ponzio?), al menos dos de ellas que fueron para tarjeta amarilla sino roja. Independiente empujó sobre el final y Salaberry se perdió una gran oportunidad para empatar".**

La revista OLÉ publicó videos **para sostener que ambas faltas cometidas por los defensores de River eran penales.**

Un periódico colombiano titulaba: **"Con la ayuda del árbitro**, River le ganó a Independiente Santa Fe y es **B**icampeón de la Recopa".

IX – Copa Libertadores 2015 – Boca – R.iver Plate

IX .1 - Como llegaron los equipos a los octavos de final

Boca salió primero de todos los grupos con los 6 partidos ganados, es decir con 18 puntos, a su vez River por el contrario salió en la posición 16 como peor clasificado, lo que no diría mucho sino comentaríamos como llegó a esa posición.

River perdió y ganó uno contra el San José de Bolivia, y empató los 4 restantes contra Tigres de México y Juan Aurich de Perú en definitiva su rival directo.

Juan Aurich llegó al partido final jugado en Perú versus Tigres, invicto en su cancha y con 2 puntos de ventaja sobre River.

Tigres de Monterrey al estar clasificado primero y no modificar esa posición de ninguna manera, llevó a Perú un equipo formado por suplentes y juveniles; incluso no llegaban con los jugadores a completar el banco de suplentes.

Roberto Mosquera era el director técnico de Juan Aurich, que compartía el Grupo 6 junto con el equipo argentino, Tigres de México y San José de Bolivia.

River Plate a la espera de un milagro: además de ganar su encuentro ante San José, necesitaba que Juan Aurich perdiera, en su cancha (invicta hasta ese momento), **frente a un equipo formado por suplentes y juveniles de Tigres.** Los dirigidos por Marcelo Gallardo no tuvieron problemas para golear a los bolivianos. **Pero el triunfo solamente le serviría si Juan Aurich no sumaba, ya que hasta el empate pondría en octavos al conjunto peruano.** Todas las miradas, entonces, se dirigieron a las imágenes que llegaban desde el estadio Elías Aguirre, de la ciudad de Chiclayo. **Y el equipo peruano caía derrotado, por 5-4, ante el equipo alternativo de Tigres.**

Mosquera siempre ha reconocido que siente algo especial por el equipo de la banda cruzada. "Tengo una unión con River sin querer, por amistad. Mi padre jugó con Di Stéfano, quien me llevó en brazos, con Pedernera y Rossi. Nací y vi fotos de ellos y así surgió mi simpatía por River".

Según subrayó el diario La Nación, la clasificación a octavos de River, último campeón de la Copa Sudamericana, **representa un gran alivio económico, más allá de lo deportivo**".

"Tenía que ver con un compromiso con la historia, con la de los sinsabores y con la de la gloria reciente en la Copa Sudamericana y en la Recopa. También con lo económico, **por los dólares que se recibe por pasar de rueda** y por las millonarias recaudaciones que implica disputar la Libertadores", indicó el análisis del diario.

La mano del corrupto Burzaco seguía con la conquista de América.

IX. 2 - Cambios de fecha

Esto decía y opinaba OLE: "Si bien faltan casi dos semanas para que arranque la serie de superclásicos entre Boca y River, ya se empezó a jugar. **En los escritorios** (ya comenzaba la versión 2015 del escritorio "R.obo Plate), **en la programación**.

Impensadamente, la previa tomó color y calor. ¿Por qué? Por el día de disputa de los dos partidos por Copa Libertadores. Si bien en un principio estaban planificados para los **miércoles 6** y 13, la **televisación** y la **Conmebol** optarán por cambiarlos a los jueves 7 y 14.

En el medio, **la queja del Vasco Arruabarrena**, que había salido con los tapones de punta tras el 3-1 contra Lanús.

"En **Olé** analizamos y te contamos qué cambia para unos y otros la diferencia de un día. Un detalle que influye en lo futbolístico y en la planificación de cada cuerpo técnico".

"Al comparar planteles, el de Boca es más extenso, más largo. Ha quedado comprobado que Arruabarrena tiene dos equipos para presentar. Incluso, hasta tres sumando a juveniles. Variantes para el Vasco, más allá de que ahora no cuente con Erbes ni Cubas, lesionados. Así, en los clásicos podría darse el lujo de primero meter un equipo "alternativo" y luego colocar al mejor, el de gala. Para el 3 de mayo por el torneo local, el muleto. Y para el de Copa, la créme de la créme. Para envidia de muchos, por alternativo se entiende una delantera conformada por Martínez, Calleri y Chávez o Carrizo, por citar ejemplos. Un lujo".

"Distinto es lo de River. Porque si bien Gallardo ha metido suplentes-juveniles en algunos partidos del campeonato local, (Mammana, Driussi o el mismo Cavenaghi, que quiere pelear por un lugar, por dar nombres) no cuenta con dos equipos como Boca. Es más corta la planilla que tiene el DT a disposición. Entonces, de cara a lo que viene, **un día de atraso en la celebración de los clásicos coperos lo favorece**. ¿Por qué? Sabiendo que tendrá 24 horas más de descanso (el primer derby por Libertadores se jugará el jueves 7), Gallardo podrá optar por incluir a un mayor número de titulares para el encuentro en la Bombonera por el torneo local, el domingo 3. Guardaría menos si quisiera y, cuatro días más tarde, saltarían a la cancha del Monumental sin estar tan cargados desde lo físico. Obviamente, el entrenador luego metería una formación sí o sí alternativa para disputar el clásico con Racing el 10/5, ya que después volverá a disputar la Copa contra Boca, en donde se determinará la suerte de unos y otros".

Así, con el cambio de día, River no lo toma con malestar. Al contrario. Distinto lo de Boca, con un Arruabarrena que expresó su disgusto.

Cabe aclarar que a cargo de la televisión estaba TyC Sport cuyo CEO era nadie más que Alejandro Burzaco (segunda presencia por lo menos para mí en esta Libertadores), que como ya dijimos más adelante estaba como CEO de dicha empresa, es un ferviente admirador de la banda roja y está preso en Estados Unidos por corrupción. A cargo de la CometaBol estaba Napout, que ya comentamos que también está preso por corrupción en EE.UU.

Lo más extraño que ante el reclamo de Arruabarrena y Crespi (dirigente de Boca) el que salió a responder fue Daniel Angelici, presidente de Boca, quién dijo: "El director Técnico que prepare el equipo y *no se meta con las fechas*, que de eso nos encargamos los dirigentes". Comenzaba la etapa del silencio de los protagonistas, hablo de los de Boca por supuesto, ya que los de River nada tendrían para decir aunque….???

IX.3 – River y Delfino (otra vez) versus Boca

Acá antes de empezar quiero aclarar que hasta este partido se seguía disputando partidos internacionales entre equipos argentinos con la dirección de árbitros de esta nacionalidad. Lo extraño es que **los últimos 3 partidos internacionales de River en condición de local fueron dirigidos por Germán Delfino** (Sudamericana, Recopa y Libertadores).

Por los cuartos de final de la copa Libertadores, ida, se enfrentaron en el monumental los clásicos rivales el 7 de mayo del 2015. River fue recibido con bengalas y fuegos de artifio en una importante recepción.

En otro **arbitraje vergonzoso de Delbino**, esto es parte de lo que ocurrió:

River cometió 22 faltas contra 12 de Boca, ya a los 15 segundos de empezado el partido violenta falta de Ponzio a Gago sin sanción. Poncio que cometió innumerables faltas solamente fue amonestado a los 66 minutos cuando debió ser expulsado mucho antes.

A los 13 minutos del primer tiempo, el "mala leche" de Vangioni va con los tapones de punta en **clara jugada de expulsión** sobre Gago al cual no lesionó por un verdadero milagro. Para DelBino y solo para Delbino correspondía solamente una tarjeta amarilla. **Claramente se ve en imágenes como se rompió la media del mediocampista y por un milagro no su pierna.**

A los 25 minutos un foul de Ponzio en el medio no fue cobrado, y casi deriva en gol para River.

En el minuto 27 Orion, arquero de Boca, tapa un mano a mano a Teófilo Gutiérrez y la pelota luego de pegar en el mismo sale por la línea final. Para DelBino esto fue corner.

En el minuto 40 cuando el árbitro ya había "pitado", Funes Moris le da un terrible pisotón a Lodeiro, para el árbitro **DelBino NADA (como cada vez que dirige a RiBer).**

Cuando se disputaba el minuto 53, el defensor de **River Ramiro Funes Moris comete otra violenta infracción que pudo lesionar seriamente a Pablo Pérez, ya que con los tapones de su botín golpeo el pecho del mediocampista de Boca.** Nuevamente tengo que repetir que "para DelBino y solo para Delbino correspondía solamente una tarjeta amarilla".

A continuación les muestro una imagen de esta jugada en la que no quedaba ninguna duda de cuál hubiera sido la sanción que correspondería.

Lo más grave y aun nos estamos preguntando el porqué de la NO SANCION ocurrió a los 65 minutos cuando no expulsaron a Carlos Sánchez por puñetazo a Gago sin pelota (estaba de espaldas Delfino, pero el asistente, de frente y a escasos metros de la acción, no le informó. Innumerables imágenes y videos lo atestiguan.

A la postre con gol del mismísimo Sanchez de penal resultaría ganador del primer partido.

Dicho penal fue por demás discutido ya que el Pity Martinez empuja al jugador de Boca Marín quien al caer lo traba, por lo que se entiende que la primera infracción sin sanción es del jugador de River.

El Gráfico decía el 7/5/2015:

"El equipo de Gallardo **contó con el beneficio de la duda que reinó en el árbitro Germán Delfino, quien cometió groseros errores de apreciación en jugadas clave.**

El Superclásico de Delfino dejó mucho que desear. Fueron demasiadas fallas para un árbitro que se decidió a sacar el partido y recién tomó decisiones drásticas en el epílogo, sin el temor de desvirtuar las acciones. Sus errores más graves: **1) Amarilla a Vangioni por foul a Gago en el primer tiempo** (era roja directa por juego brusco grave); **2) Amarilla a Funes Mori por patada karateca a Pablo Pérez** (otro juego brusco grave, de Jong Style, roja omitida), 3) Si bien Delfino estaba de espaldas su juez de línea no le informo de una trompada de atrás de Sanchez a Gago.

Clarin decía esto del encuentro: "El 7 de mayo de 2015, en el Monumental, River ganó 1-0 con gol de penal de Carlos Sánchez, pero Boca voló de la bronca. Patada de karateca de Funes Mori en el hígado de Pablo Pérez, brutal planchazo de Vangioni a Gago y golpe desde atrás de Sánchez también al hoy capitán de Boca. Era para tres rojas a jugadores de River, pero Delfino no sacó ninguna".

Esto decía TN (deportes) del penal a favor de Riber:

"Con un penal discutido River le ganó a Boca y sueña con sacarlo de la Copa".

Otros comentarios de diarios electrónicos: "Delfino y un arbitraje polémico: debió expulsar a tres jugadores de River".

"El árbitro en el Monumental no tuvo su mejor noche y perjudicó a Boca, que fue víctima del juego brusco del Millonario. Mezquino de tarjetas, el juez debió ser menos permisivo".

"Arruabarrena había declarado que estaba tranquilo con el tema arbitraje ya que "hay muy buenos árbitros en la Argentina". Pasado el primer Superclásico por la Copa, el Vasco se fue muy caliente del Monumental. Germán Delfino no tuvo su mejor noche: dejó pegar demasiado y fue mezquino con las tarjetas.

Apenas iban 12 minutos del primer tiempo cuando Leonel Vangioni, un jugador con largo prontuario violento, le metió un duro planchazo a Fernando Gago que no llegó a impactar por completo y sólo le rompió la media. Era tarjeta roja por uso desmedido de la fuerza y Delfino sólo le mostró la amarilla, dejándolo con vida el resto del partido y la serie.

Ya en el segundo tiempo, Pablo Pérez fue la víctima de una patada de karateca de Ramiro Funes Mori. El defensor ganó la pelota arriba, con la cabeza, pero a su vez impactó con los tapones de su botín derecho sobre el estómago del volante de Boca, que cayó al suelo. Otra expulsión que el juez obvió y Arruabarrena reclamó".

"Tres rojas", reclamó el entrenador Xeneize. ¿Cuál fue la tercera? Carlos Sánchez y Fernando Gago tuvieron un duelo personal durante los 90 minutos. En una salida del fondo de Boca, cuando el balón ya había superado la zona media, el uruguayo le aplicó un golpe al ex Valencia, sin que Delfino o alguno de los colaboradores lo pudiera ver. No coincido con esta apreciación ya que el juez de línea lo vio perfectamente.

Esto decía TELAM:

"Lamentablemente y nuevamente salimos perjudicados", sostuvo Arruabarrena, haciendo referencia al arbitraje de Delfino y las expulsiones que no fueron en el duelo de la **Copa Sudamericana que se disputó en el 2014. En aquel momento, Leonel Vangioni y Leonardo Ponzio se salvaron de ver la roja.**

En un partido con mucho roce, **Germán Delfino debió haber expulsado a dos jugadores de River. Carlos Sánchez le pegó un codazo a Fernando Gago pero ni el árbitro ni el juez de línea lo vieron, mientras que Ramiro Funes Mori fue con imprudencia a disputar una pelota y le metió una patada en el abdomen a Pablo Pérez.**

La conclusión es "sin comentarios", salvo que fue **tan vergonzante el arbitraje de Delbino que la Conmebol decidió que para el próximo torneo organizada por la misma, no hubiera más árbitros argentinos para dirigir a equipos de ese país.**

IX – 4 – Octavos de final de Copa Libertadores - Vuelta

IX – 4.1.1 – ….y D'Onofrio amenazó al árbitro de la vuelta

El señor Rodolfo D'Onofrio presidente del Club Atlético River Plate, parece que no estaba muy de acuerdo con el árbitro de la vuelta por lo que hizo público una amenaza directa que condicionaba sin dudarlo al Señor Herrera árbitro de la contienda.

Entre otras cosas manifestó: "si dirige mal se le va a cortar la carrera de internacional", Textualmente manifestó: "Este partido es tremendamente importante en su carrera: "si dirige bien, tiene chances de ir al Mundial tal vez; si dirige mal, chau, adiós".

Nadie, ni de la Conmebol ni de Boca salieron al cruce de estas declaraciones que sin dudarlo son generadoras de violencia e influyen en la decisión de los árbitros.

Esto decía Goal: "D'Onofrio sobre Darío Herrera: "Si dirige mal, chau, adiós"

Asimismo se puede observar parte de la declaración en El Intransigente:

"Rodolfo D'Onofrio opinó: "…… nunca nos metemos en el tema de los árbitros, si estuvo mal o bien (¿Cómo?), porque creemos en los árbitros argentinos. Se puede opinar si tiene experiencia, si no, es válido".

Referido a este párrafo no lo vi actuar al señor D'Onofrio cortándole la carrera internacional al árbitro Delfino pese a los pésimos arbitrajes del mismo.

Para cerrar, Rodolfo D'Onofrio expresó: "¿Todavía puede ser que en la Argentina haya algunos que creen que haciendo influir en periodistas (¿Cómo?), por distintas maneras, se puede ganar un partido (¿cuantos partidos ganó River por esta vía?, diría que todos los importantes esto les resultó de gran e imprescindible ayuda)".

IX – 4.1.2 – Boca – River la revancha

Con fecha 14 de mayo jugaron la revancha, en definitiva solo 45 minutos, Boca y River en La Bombonera con el arbitraje como ya dijimos anteriormente de Darío Herrera.

Las amenazas solapadas comentadas en el apartado anterior le dio muy buen resultado a D'Onofrio y a la prensa antiBoca que comentaba entrelineas de que el árbitro iba a dirigir a favor de Boca, ya que era dicho club el que lo puso allí y tenía estrecha relación con un exjugador de Boca.

Lo anterior lo digo porque Boca cometió igual cantidad de infracciones que River, pero el primero recibió 4 amonestaciones, incluso una a Gago (el jugador más golpeado de este periodo) que ni siquiera falta había cometido, mientras el segundo solo 1 teniendo a jugadores como Ponzio, Maidana, Vangioni y/o Mercado en cancha.

Pero lo importante y grave sucedió a la salida del entretiempo del equipo millonario donde sus jugadores fueron atacados con gas pimienta. Este tema es muy largo y hay muchos hechos que NUNCA TUVIERON UNA EXPLICACIÓN CLARA, por lo que lo vamos a tratar por separado.

IX – 4.1.3. – El gas pimienta, Burzaco, Berni, D'Onofrio y ......?

Antes de comentarle la agresión al equipo de River me gustaría comentarles una vivencia personal de ese día; la entrada para el hincha normal, solo socios, se debía sacar con anticipación y te habilitaban el carnet.

Para entrar a la cancha, por lo menos en el sector bajo y medio, enfrente de donde se ubica la barra brava **tuve que pasar no menos de 5 controles policiales**, por lo que afirmo que sin connivencia de "alguien" en esas tribunas **era imposible entrar un dron como se vio posteriormente, y muy difícil gas pimienta y un elemento cortante para romper una manga**.

En esa tribuna del medio, se repartían innumerable estrellitas para una gran porción de la gente, la que luego nos enteramos la repartían los "Barras Disidentes". **Dichos espectadores ingresaron al estadio sin entradas ni carnets, acompañados por un oficial de policía según se vio en un video de INFOBAE**.

La fiscal del caso probó que Cristian "Fido" Devaux, desbancado de la jefatura de la barra brava boquense, y Claudio Alejandro Calviño, supuestamente "habrían coordinado el ingreso irregular de otro grupo de hinchas caracterizados a la tribuna opuesta adonde se ubica 'La 12', generando una **zona de ingreso liberada con la anuencia de los controles y como ya dijimos de la policía**. También citó **a once oficiales de la Policía Federal**. ¿Qué pasó después?, perdonen, no lo sé.

Antes del partido y donde se produjo el ataque había una bandera que decía lo siguiente:

"Si nos cagan otra vez, de la Boca no se 'ba' nadie", rezaba el cartel que un grupo de simpatizantes puso en el alambrado. Parece que no dio resultados porque te **siguieron cagando hasta el 2019 inclusive por lo menos**.

Claro está que hacía referencia al **pésimo arbitraje de Germán Delfino en el partido de ida y tal vez al de Pitana y Vigliano por el campeonato local, Trucco y DelBino en la Sudamericana, y a todos esos partidos del verano 2014**.

Parece que esto era un anticipo de lo que pasó después.

Les voy a contar todo lo comentado por distintos medios porque esto es **"tan raro"** como todo lo acontecido en este período.

LA SEGURIDAD: Si bien la **seguridad** está a cargo del equipo local, aquí aparte de alguna seguridad que podía poner Boca, la seguridad la brindaba la **policía de "Berni"** (funcionario Kitchnerista).

Una pregunta es porque **no había policías en los alrededores de** la manga, siendo que **en todos los partidos de Boca de local siempre había apostados efectivos en ese lugar**.

Angelici defendió el operativo de la Policía Federal, **pese al más que evidente fracaso.**

Berni defendió también el operativo policial, que contó con 1.300 efectivos. Sus declaraciones, igual que las de Angelici, rozaron el papelón. "El operativo fue todo muy ordenado, fue exitoso y no hubo incidentes", aseguró anoche. **"No hubo bengalas"**, agregó, como si nadie hubiera visto las miles que se encendieron antes del partido.

Al respecto de cómo ingresó el gas pimienta al estadio, Berni aseveró sobre el operativo de seguridad: "**Un cacheo es exactamente eso: un cacheo, no es garantía de nada**"(repito lectores yo pasé 5 o 6 controles policiales y mínimamente 2 cacheos).

¿Quién fue el que tuvo la idea de esta agresión?:

Algunas versiones sostienen que **fué Berni, funcionario kitchnerista**, para desprestigiar a Macri y Angelici en las futuras elecciones a presidente de la Nación y de Boca respectivamente que iban a acontecer ese año.

Decía un periódico (Perfil): "El gas pimienta en el Boca-River se metió en la campaña para la presidencia de la Nación. Berni culpó al club y la Ciudad, pese al fracaso del operativo.

Los escandalosos incidentes en el Boca - River por la Copa Libertadores, que derivaron en la suspensión del partido por la agresión a los futbolistas del equipo visitante y en la posterior clausura de La Bombonera, generaron un nuevo capítulo de la pelea del kitchnerismo y el PRO.

Los protagonistas de este nuevo round son Sergio Berni y Daniel Angelici, como sucedió otras veces que el motivo de la riña fue Boca. Y, como sucede siempre, lo que intentan ambos es evadir sus responsabilidades y pasar la pelota al otro lado".

Otros además de Berni inculparon a **Alejandro Burzaco**, ya comentamos sus antecedentes, a quién se lo vio muy interesado junto con el presidente de River (¿no es que los directivos no pueden invadir el campo de juego?) **en suspender el partido** dentro de la cancha de Boca, pero para ello debió contar con el aval policial.

Otros afirman que la idea de Berni **en un principio (después fue el primer interesado en hacerlo), tal vez no era suspender el partido, sino con este hecho y la liberación en las entradas de bengalas y drom, que suspendieran el estadio por unas fechas con lo cual Angelici iba a ser culpable del mismo y acarrear un costo político alto para las futuras elecciones.** En mi modesta opinión esto es lo que creo realmente sucedió.

La agresión, ¿quién tiró el gas pimienta?:

Como se ve en la imagen que procede lo que introduce o trata de introducir el panadero en la manga con ayuda de mínimo un cómplice **es una bengala** (o algo parecido, en ningún momento se ve que sea gas pimienta). Lo del cómplice lo remarco porque la **extraña sanción que le impuso la justicia fue solamente una "probation"** junto con otros 3 simpatizantes (¿no sería asociación ilícita, o sea cometer un delito con la participación de más de una persona y además estafa a las 45.000 personas que pagamos una entrada para ver un partido completo y terminamos viendo la mitad del tiempo?). **Una pregunta que me hago, ¿la probation será como consecuencia de que "el panadero" haya dicho que fue sola-**

mente su idea y que no tuvo "colaboración de nadie" salvo los que se ven en la imágenes para zafar de la asociación ilícita?

Por lo tanto, hay fuentes que aseguran **que los que tiraron el gas pimienta fueron la policía federal de Berni, reprimiendo a este individuo que quería arrojar una bengala dentro de la manga**.

Un diario decía en aquel tiempo:

> ....Así lo demostrarían imágenes alternativas a la transmisión oficial colgadas en las redes sociales. Se ve en varios ángulos de fotos de hinchas, que estaban detrás los incidentes, cómo un Barra de Boca tajea la parte posterior del túnel, donde estaban para salir los jugadores de River, introduciendo una suerte de bengala, pero **no gas pimienta**.

Esto lo avala las imágenes televisivas donde queda claro que el arquero suplente millonario, **Julio Chiarini, recrimina a un efectivo de la policía por haber arrojado el gas pimienta** y recibe la reprimenda de Gallardo y el capitán Marcelo Barovero. Además otra imagen donde Leonardo Ponzio le consulta a Daniel Vangioni por el autor de la agresión y el defensor le responde **"fue el cana boludo". Asimismo es muy extraño (perdonen, pero este libro es muy EXTRAÑO) que siendo que arrojaban gas pimienta desde la manga los jugadores, técnicos y ayudantes se volvían a introducir a la manga, el lugar donde los estaban agrediendo. ¿..........?**

Las imágenes del Superclásico del gas pimienta, por la Copa Libertadores 2015.

También decía Chiarini en ese momento: "**Vos sos cómplice, hijo de puta, cagón; fue él, fue él**"

A todo esto, Sergio Berni, deslindó responsabilidades en Boca y en la Conmebol. En Twitter también ironizaron: "No se gasten en discutir quien tuvo la culpa. **Mañana Berni y la fiscal Fein dirán que el jugador se echó gas pimienta en los ojos**" (referenciando a la triste y aun no esclarecida muerte del fiscal Nisman).

Teniendo en cuenta que la Policía Federal de Berni secuestró las camisetas Leonardo Ponzio, Matías Kranevitter, Leonel Vangioni y Ramiro Funes Mori, los jugadores de River más afectados. En las casacas se podía ver los restos del gas que fue arrojado en la manga, por lo que **le doy gran validez al comentario anterior.**

Asimismo desde el club local responsabilizaban también a la policía tal como dice el siguiente periódico:

"**Berni responsabilizó a la dirigencia del fútbol y en Boca creen que la Policía arrojó el gas**".

El secretario de Seguridad apuntó contra la AFA y la Conmebol. El club xeneize puso el foco en el accionar de los efectivos. "**Dicen que el gas naranja que manchó las camisetas de los visitantes es exclusivo de uso oficial y no se vende al público**".

Con estos comentarios me parece que queda más o menos claro cómo fueron los hechos, ahora usted lector decidirá cuál es su opinión.

Las consecuencias:

No vamos a hablar de las sanciones a Boca porque es lo menos importante.

Les adelanto que **ninguno de los posibles participantes e ideadores están presos.**

Cuatro jugadores de River fueron afectados con gas pimienta, justo uno de ellos es Ponzio (el impune para pegar que no recibe sanciones y que por otra parte irá a jui-

cio oral en España, en septiembre de 2019, por la supuesta compra de partidos y ¿en Sudamérica, no?)

Poncio, el más afectado por el gas pimienta, **pero es bastante raro que una vez terminada la agresión su camiseta no tuviera ninguna mancha, como si se puede apreciar en imágenes posteriores.**

Ahora lo que es más raro aun, viendo una imagen con su camiseta en impecable estado, la que luego se vuelve naranjas como **Ponzio el jugador más afectado**, salió riéndose del campo de juego.

También en internet recordaban como RiBer ganaba los puntos y pasaba de ronda en esta **manchada** copa Libertadores.

Cosas muy extrañas es porque nadie preguntó:

- A los jugadores de River y Director Técnico, ¿porque se refugiaron nuevamente en la manga si es allí donde los habían agredido? Y ¿Por qué se fueron en la posición contraria a la policía y con acusaciones filmadas?
- Tampoco se les preguntó a Chiarini, Vangioni y Sanchez tal como se ve en reiteradas imágenes y videos, **¿porque acusaron a policias y otros miembros de seguridad?** Y menos aún a Gallardo y Barovero ¿**el porque de parar y recriminar al primero de los nombrados anteriormente cuando estaba ejerciendo su protesta?** Curioso. Esa es la palabra que define el accionar de los jugadores de River Plate que, en videos, acusaron a la policía y luego omitieron su verdad, aunque **al momento de sacar ventajas como se aprecia en esta situación no se tiene en cuenta el fair play.**
- También lo es la decisión **del médico de River Plate de tirarles agua a los jugadores afectados por el gas pimienta, en un método que es contraproducente y hasta un potenciador de las lesiones que causa ese químico.**

- Otra tema es que también: "Habría que preguntarle a River por qué fueron al Hospital General de Agudos J. Ramos Mejía donde no existe una guardia oftalmológica a buscar certificados a las 3 de la mañana y hasta hicieron ir a una médica que no estaba de guardia a firmar un certificado", teniendo en cuenta que no tenía como dije guardia y está a aproximadamente 6 kilómetros de la cancha, cuando el Argerich está a pocas cuadras de distancia del estadio de Boca.
- Tampoco le preguntaron a los jugadores de River el porque de las risas cuando abandonaban el campo de juego una vez suspendido el partido. ¿Sería que habían logrado el objetivo?

Cabe aclarar, que el médico de River en ese momento era el **Dr. Pedro Hansing**, quien se desempeñó en el Hospital Ramos Mejia como traumatólogo **desde 1992**.

Declaraciones de D'Onofrio manifestaban que NUNCA River fue a buscar los puntos a Paraguay.

Su vicepresidente lo desmentía: "**Superclásico: Jorge Brito confirmó que River pedirá los puntos ante la Conmebol**"

"El vicepresidente primero del club de Núñez aseguró que se ampararán en el artículo 23 del reglamento".

Esto decía M.arcelo G.allardo "Fue una de las cosas más nefastas que viví dentro de un campo de juego. La impotencia que daban ciertas actitudes de gente que yo creía que estaba solidarizándose ante un momento tan asqueroso como el que vivimos, y al mismo tiempo estaba pensando en cómo **sacar ventaja**" **(parece que él y su presidente no pensaban lo mismo cuando en el 2018 el ataque fue al revés e intentaban jugar el partido a toda costa, o cuando fueron urgentemente a Paraguay a solicitar la descalificación de Boca).**

"Acá confundimos las cosas: porque el fútbol termina siendo un drama **(personas como él son las que nos llevan a esto)** y no un deporte para disfrutar. El deporte más lindo del mundo, que muchos viven con cierta pasión, termina siendo una pasión totalmente desequilibrada. En medio de esta adrenalina, te hacen creer (**¿desde afuera, vos mismo o los periodistas comprados?**) que es todo de vida o muerte, y te podés equivocar".

"Todos estamos involucrados y **tenemos cierta culpa porque en algún momento hacemos algo para generarlo**, pero ya hay cosas que se van al carajo. Uno desde el lugar donde esté, debe tratar de conformar no solamente un grupo de jugadores, sino también de personas, detrás de un objetivo deportivo **sin perder de vista cuáles son los valores reales**". Parece que tienen los valores equivocados o no lo escucharon jugadores como Ponzio, Vangioni, Mercado, Maidana, Sánchez, y lo raro es como cambió de opinión tan drásticamente en los años posteriores, y si no cambió de opinión sí lo hizo en los hechos (ver ataque al micro de Boca).

River llegó a la Conmebol antes que Boca, que era el único que estaba citado, y también no parece muy ético que haya **llevado un certificado oftalmológico de un hospital que no tiene guardia oftalmológica.**

Con esto finalizo el tema del gas pimienta, como dije anteriormente queda en usted lector la interpretación del mismo.

IX – 5 – Otros y la final

El final de la competencia entre River y Tigres de México la dirigió el árbitro URUGUAYO Darío Ubriaco (puesto por el mafioso de Burzaco, Casal, el Enzo, Donafrio y la gata que araña).

Cabe aclarar que dirigía nuevamente a River en una final, siendo la anterior la Revancha de la Final de la Copa Sudamericana que venía de conquistar el millonario el año anterior.

Los antecedentes de la Cometabol para darle el partido más importante de Sudamérica era que el 'charrúa' llegó con **tres meses de inactividad, debido a que se perdió la Copa América por no haber superado la prueba física. Pese a que en ese entonces la Conmebol intentó que le dieran una segunda oportunidad, no se hizo efectivo y debió mirar el certamen por televisión.**

Los analistas deportivos de Fox Sports, Radio Mitre, ESPN, entre otros, cuestionaron la decisión de la Conmebol de dejar que el árbitro pitara el encuentro.

"No llegó en condiciones físicas, le cuesta correr, no puede hacer una diagonal", dijo un narrador de Radio Mitre de Argentina. "Hay silencio absoluto en el monumental con lo que está haciendo el juez", agregó.

"El árbitro está lejos, no está nunca cerca de las jugadas", se quejó uno de los analistas mexicanos de la cadena Fox Sports.

Apenas empezó el partido, sobre el minuto 4 Ponzio **comete una violenta infracción de tarjeta roja que el árbitro uruguayo no cobra.**

A los 9 minutos de juego en **una clara jugada de expulsión Lucas Alario, quien posteriormente fue el autor del gol con el que River Plate se adelantó a Tigres en la Final de la Copa Libertadores, de atrás le dio un planchazo al jugador Guido Pizarro.** El relator de la televisión se extrañaba porque no había sido expulsado Alario.

Esto decía ESPN al respecto:

"Alario, autor del gol de River Plate, debió ser expulsado: Ramos Rizo"

Lucas Alario, autor del gol con el que River Plate se adelantó a Tigres en la Final de la Copa Libertadores, debió ser expulsado desde los primeros minutos de juego, luego de una fuerte falta sobre Guido Pizarro, de acuerdo al analista de **ESPN** y ex árbitro mundialista, Felipe Ramos Rizo.

Apenas unos minutos después de comenzado el encuentro, el delantero de River Plate barrió a Pizarro y le pegó en el tobillo de la pierna derecha, con una barrida por atrás; sin embargo, el árbitro URUGUAYO Darío Ubriaco decidió solamente sancionar con una tarjeta amarilla.

Damm jugador de Tigre decía lo siguiente: "Fueron más situaciones puntuales; **en el primer tiempo hubo dos expulsiones sobre River que no se marcaron y luego errores en un centro en donde perdimos la marca y nos metieron el gol**; luego un penal dudoso que marcan pero es parte del fútbol, de la esencia del fútbol sudamericano. Ahora con el VAR hubiera cambiado, pero dimos todo y salimos satisfechos por el esfuerzo que dimos en la cancha, Dios quiera pronto se pueda dar una revancha".

Una imagen, **que si no sería verdad** es muy graciosa, salía en las redes sociales con **el presidente de RiBer, Enzo Francescoli amigo de Paco Casal (a cargo del futbol en Uruguay) y M.arcelo G.allardo disfrazados de árbitros de la CONMEBOL.**

X– La impunidad de Leonardo Poncio y fin del 2015

En el último partido oficial del 2015, el día 13 de septiembre, jugaron River y Boca en el Monumental, y otra vez como la última vez que lo hicieran, bajo el arbitraje de **Darío Herrera**.

Apenas comenzó el partido se lesionó Gago y en su reemplazo entró el uruguayo Nicolás Lodeiro quién a la postre sería el autor del gol del triunfo para Boca. Esto lo manifiesto solo para remarcar que **aunque el ganador fuera Boca casi siempre sucedió lo mismo, ventajas y muy evidentes para Riber.**

Antes de los 10 minutos Ponzio ya **había cometido una infracción y en ese momento se produce una violenta patada al jugador Meli que era roja directa.** El ¿árbitro? Herrera solo cobro la falta, ni siquiera fue amonestado. Cabe aclarar que este señor en el último partido ya mencionado amonestó a 4 jugadores de Boca solo en el primer tiempo (tal vez se acordó de las amenazas de Dona Frio).

Después de cometer 2 faltas más y por pelearse con el jugador Meli **cansado de tantos golpes, recién fue amonestado a los 24 minutos del primer tiempo**.

A los 29 minutos desde atrás comete otra dura falta que mínimamente merecía la tarjeta amarilla, el ¿árbitro? **Herrera ignoró nuevamente la sanción correcta a Ponzio.**

Les recuerdo que Ponzio ya debió ser expulsado en todos los clásicos mencionados anteriormente (como ya se explicó en capítulos anteriores).

Esto era tan vergonzante que Gallardo, al ver esto, **decidió sacarlo a los 35 minutos** y poner a Lucho González en su lugar.

Esto decía Reuters:

"La polémica: Ponzio debió ser expulsado, se salvó y Gallardo lo sacó antes del final del primer tiempo".

Ponzio se salvó: "**El árbitro Herrera perdonó al volante** y el Muñeco lo cambió por Lucho González a los 35 minutos de la primera etapa".

"**Leonardo Ponzio debió haber sido expulsado en el superclásico,** pero el árbitro Herrera lo perdonó. Es que el volante de River, **ya amonestado, le cometió una dura falta a Erbes desde atrás que merecía otra tarjeta, a los 29 minutos del primer tiempo.** Y Gallardo, al ver esto, decidió sacarlo a los 35 y poner a Lucho González en su lugar.

"**La primera falta dura de Ponzio fue a los 10 minutos del primer tiempo y la víctima fue Meli, pero Herrera no le sacó amarilla. A los 24, por pelearse con Meli y discutir con el árbitro, sí recibió la primera tarjeta. Y a los 29 mereció la segunda".

La misma fuente agregaba: "En el partido pasado de River, ante Chicago, a Ponzio le sucedió lo mismo. Amonestado, cometió una serie de infracciones al límite antes de que terminara el primer tiempo, y en el descanso Gallardo decidió reemplazarlo y poner en su lugar a Mammana".

A los 88 minutos otro abonado a las **"No expulsiones (acordarse solo de la trompada a Gago o de la violenta infracción a Colazo)"**, comete un foul sobre Tevez y cuando el árbitro "pita" la infracción y el jugador estaba en el piso, **no se le ocurre otra cosa que arrojarle una patada. Para ¿el árbitro? Herrera solo mereció una tarjeta amarilla.** Veamos más adelante que pasó con Herrera en el próximo partido que dirigió el clásico.

Conclusión: Aquí no acaba la historia, pese a que Boca siguió ganando partidos a River, casi siempre fue igual el tema arbitral.

XI – Lo que el periodismo olvidó de M.G.- Parte 1 (2014 - 2015)

Parte de lo que les voy a contar en este capítulo siguió con la misma temática de ahora, "gran ayuda a Riber", pero es de destacar **que pasó** también en el equipo de M...... G.allardo.

No siempre en este período le fue bien al CARP, acá veremos algunos casos:

XI.1 – Copas Argentina 2014/2015

En lo que sería el debut de M.G. al frente de la dirección técnica de CARP en la copa, en el año 2014, River no anotó ni recibió goles en todo el torneo, ya que empató los tres encuentros que jugó por 0-0. En los 16avos superó a Ferro por penales 6-5, en octavos de final 4-2 desde los 12 pasos a Colón pero en este partido jugado el 20/08/14, hubo un gol anulado a Alario cuando vestía la camiseta del sabalero que el árbitro anuló cobrando "cualquier cosa". Con ese gol, River quedaba eliminado prematuramente.

En cuartos quedó eliminado en la tanda de penales ante Rosario Central al perder la serie por 5-4.

En la edición que la *Banda* jugó en el año 2015, le ganó a Liniers de Bahía Blanca **(conjunto que jugaba en el** Federal A**) por 2-0 con goles de** Ramiro Funes Mori **y** Juan Kaprof. **Luego avanzó a los 16avos de final en donde fue eliminado por** Rosario Central **al caer por 2-0.**

Estos dos encuentros representaron los primeros traspiés en la era Gallardo para el club.

XI. 2 – Campeonato local segundo semestre 2014

El 17/08/14, uno de sus primeros partidos, por Torneo local 2014, **contra Rosario Central hubo un claro penal no cobrado a Franco Niell, ese penal pudo haber significado el empate 1-1, pero el árbitro Diego Abal ¿se apiadó? Y no cobró ninguna infracción.**

El 31/08/14 River – San Lorenzo, jugaron por el torneo local 2014, Teo Gutiérrez estaba amonestado por simular un penal, un rato después, le pega terrible patadon a Tito Villalba, y DelBino de nuevo, perdona la vida...el partido estaba 1-0 a favor de San Lorenzo, eso hubiese sellado la victoria.

Lo del partido con Boca, el 5 de octubre de 2014 en ese mismo torneo fue comentado por separado.

Asimismo el 9/11/2014, terrible codazo de Teo contra Velez, para roja, pero solo le mostraron amarilla, por el Torneo Local 2014. El partido estaba 1-0 a favor de Velez.

A diferencia de lo sucedido en la primera parte del año con Ramón Díaz (explicado anteriormente) **ESTO NO le alcanzó al River de M.G. para ser campeón.**

XI.3 – El record oficial del clásico

El 31 de enero del 2015 en el estadio Malvinas Argentinas de la ciudad de Mendoza por la copa Luis Nofal los clásicos rivales, produciéndose un record histórico para la era profesional. Ese día el conjunto de la **ribera (Boca Juniors) goleo 5 a**

0 produciéndose la mayor goleada de los clásicos en la era profesional.

Hay que aclarar que Boca jugó con un número importante de suplentes mientras que River lo hizo con todos sus titulares.

El responsable técnico de River era M.arcelo G.allardo.

El partido se venía desarrollando normalmente con los mismos golpes descriptos anteriormente por parte de los jugadores de River, sobretodo de Vangioni y Maidana.

Sobre los 30 minutos Boca ya ganaba por 3 a 0, y por fin a los 38 minutos el árbitro Diego Abal cansado de tanto golpe expulsó a Mayada (**pero Vangioni y Maidana se salvaron porque Gallardo los sacó en el primer tiempo**).

Esto decía INFOBAE:

"**Con un 5 a 0 histórico, Boca humilló a un River que pasó vergüenza**

En el 'Malvinas Argentinas', el "Xeneize" venció 5 a 0 al "Millonario" (máxima goleada en la era profesional) por los goles de Franco Cristaldo (había anotado en la victoria de hace unos días en Mar del Plata), Sebastián Palacios (el joven que retornó por la lesión de Pavón), Andrés Chávez, Jonathan Calleri y Rodrigo Betancur. Los de Rodolfo Arruabarrena aprovecharon la poca marca de su rival y sin muchos problemas lograron un resultado inesperado, pero histórico. Por su parte, **los de Marcelo Gallardo dieron pena**".

La Agencia oficial TELAM titulaba: "**Boca humilló a River en Mendoza**".

Perfil a su vez daba este título: "**Histórico: Boca goleó 5-0 a River**". A su vez agregaba lo siguiente:

River, que llegaba feliz por el 4 a 0 ante Independiente y en menos de una semana se volvió **un "infierno" su 2015, tras caer ante los suplentes de Boca en Mar del Plata y ser humillado hoy en Mendoza, En ambos casos, con Gallardo poniendo los titulares.**

También conviene aclarar que **la mayor goleada del clásico** se dio a poco de la finalización de la era amateur, donde el xeneize también **es poseedor de ese record al vencer en su viejo estadio por 6 a 1 a River.**
Conclusión:
Un nuevo record para los clásicos y parece que esto es lo que sucede cuando a River no lo favorece mucho el árbitro.

XI.4 – La Supercopa Argentina 2015

El 25 de abril de 2015 jugaron en San Juan River y Huracán un partido que determinaba al campeón de la Supercopa Argentina, torneo que disputan el campeón del Torneo Local con el de la Copa Argentina.

El ganador del juego resultó ser el equipo de Parque Patricios quién le gano por el marcador de 1 a 0 coronandose campeón de dicho torneo.

Decía INFOBAE: **"Huracán sorprendió a River, se quedó con la Supercopa Argentina y lo dejó 'herido' para los 'Superclásicos' ante Boca"**
En el Bicentenario de San Juan, el "Globo" se impuso por 1 a 0 ante el "Millonario" y de esta manera se quedó con el trofeo, gracias al tanto de Edson Puch en el primer tiempo. Después de una floja etapa inicial, el conjunto de Marcelo Gallardo hizo todo para empatar en el complemento, pero Marcos Díaz lo evitó con dos atajadas estupendas. Así, el elenco del "Muñeco" se quedó con las ganas de festejar y llega con una derrota a los tres 'Superclásicos' ante Boca. Por su parte, los de Néstor Apuzzo dejaron atrás la eliminación en la Copa Libertadores y con el título se clasificaron a la Copa Sudamericana.
Conclusión:
Parece que "Delbino", "Herrera" y "la Conmebol" pudieron resucitar a River de tan mal comienzo de año

(un infierno para algunos), el cual se había acentuado con el primer partido oficial, el cual Boca había triunfado por 2 a 0 como ya comentamos.

XI.5 – Liga local - Campeonato 2015

En el campeonato local disputado durante el año 2015 River terminó en el noveno puesto, a 15 puntos del equipo campeón Boca Juniors.

Ya comenté los partidos disputados con Boca en la Bombonera y en el Mudomental por separado donde se produjeron los mismos hechos recurrentes que vinieron sucediendo desde que Riber vino de la divisional "B".

Una de las tantas ayudas que se le dieron en dicho torneo fueron:

- El 31/05/2015 terrible penal y roja de Funes Mori, el árbitro, Pitana (¿Qué raro?) dice que no hubo nada, ese gol cambiaba el partido que estaba 1-0 a favor de River… termina 2-0, con varios penales no cobrados a Central. Ovación decía lo siguiente: "Obviamente que en Central todos nos sentimos perjudicados por la **actuación de Pitana. No nos cobró dos penales que vio todo el mundo** y eso hubiera cambiado el desarrollo del partido. Pero de ninguna manera vemos más allá y creemos que no actuó de mala fe" (¿?).
- El 17/08/2015 insólita expulsión del juez Baliño a jugador de San Martin de San Juan, por suerte, se hizo justicia desde el resultado, deportivo empate (M.G.), perdió el partido 0-1.
- El 30/08/2015 otra vez en el Monumental hubo un gol de River en clara posición de adelanto de Sánchez en un partido jugado contra Huracán. El árbitro y su juez de línea "bien gracias".

Como el objetivo del libro es centrarse más en los logros que en las derrotas por ahora no doy más ejemplos de este campeonato.

XI. 6 – Copa Sudamericana 2015

El 5 de noviembre de 2015 comenzaron en el monumental a definir la semifinal de la copa Sudamericana de ese año River y Huracán.

Raro que a River lo dirijan árbitros de nacionalidad uruguaya cuando llega a finales y semifinales. En este caso es el que ya vamos a ver famoso Andrés Cunha (Uruguay). Lo que no es raro que en este primer partido que ganó Huracan 1 a 0 los únicos 3 amonestados que tuvo el partido hayan sido jugadores del Globo.

La vuelta jugada en el estadio Tomás Adolfo Duco terminó con un resultado de empate en 2 los que clasificó a Huracán a la final de la sudamericana.

Acá el árbitro fue Sandro Ricci de Brasil **y para River se acababa un año que de no ser por DelBino principalmente, Herrera y la CometaBol hubiera sido malo.**

XI. 7 – Copa Mundial de Clubes 2015

Luego de derrotar al Sanfrecce Hiroshima por 1 a 0 el 16 de diciembre de 2015 **accede a la final con el Barcelona en busca de su segundo título del mundo.**

Previo al partido **el presidente de la FIFA tradujo el nombre del millonario en la presentación del Mundial de Clubes: "Río de la Plata",** así presentó Joseph Blatter al equipo de G.allardo.

Luego de lo que podríamos denominar un "paseo del siglo" con un gol de Messi y 2 de Suárez el Barcelona ganó por 3 a 0, y la derrota no fue más calamitosa porque Neymar quería convertir un gol nunca visto y porque Mascherano "jugaba" en el equipo catalán.

Esto decía LA NACION:

Mundial de Clubes: con una goleada, Barcelona destruyó el sueño de River en Japón.

XII – Lo que el periodismo olvidó de M.G.- Parte 2 (2016 - 2018)

Para continuar el hilo del relato seguimos con este período, pese a que en otras partes del libro vamos a retroceder para explicar otros partidos u otros campeonatos.

XII.1 - Campeonato local primer semestre 2016

Este campeonato se dividió en 2 zonas de 15 equipos cada una clasificándose los 2 primeros a una final que determinó que el campeón fuera Lanús.

River ocupó la posición 9na. posición con 4 partidos ganados, 6 empatado y 6 perdidos, y si no hubiera sido por la gran ayuda recibida en la copa Argentina de ese año no hubiera clasificado a ninguna copa para el año siguiente.

Acá voy solamente a acotar que en este campeonato entre el mes de marzo y abril de 2016, se enfrentaron River y Boca en 2 ocasiones con el resultado 0 a 0. En el segundo partido a **los 12 minutos fue expulsado Pablo Pérez** de Boca por pegarle una patada a Álvarez Balanta, en una acción confusa en el área de Boca donde **el juez Herrera vió lo que no vió en el próximo partido que jugarían River y Boca.**

Esto decía Clarín de la jugada: "**Algunos, lo defendieron y se acordaron de una acción similar:** la patada de Funes Mori, también en la panza y en un superclásico, **sobre el** propio Pérez. Ahí, el foco quedó en los arbitrajes (para muchos, Herrera debió haber expulsado a Balanta)".

XII.2 – Copa Libertadores 2016

Aquí el último campeón disputó la ronda clasificatoria con San Pablo, The Strongest y Trujillanos accediendo a octavos de final.

En octavos de final River disputó sus partidos con **Independiente del Valle de Ecuador que lo eliminó** con resultados de 2 a 0 en Ecuador el 28 de abril y 0 a 1 en Argentina el 4 de mayo.

Esto decía La Nación: "**Una victoria triste porque River fue eliminado pese a ganarle a Independiente del Valle. Agregaba: River exhibió las limitaciones que lo acompañaron en los últimos meses, y así se despidió de la Copa Libertadores de América**".

Mientras "OBE" decía lo siguiente: "¡IncreiBle, afuera!"

XII.3 - Campeonato local 2016/2017

Aquí si bien estuvo acechando gracias a las ayudas arbitrales, no pudo alcanzar al Boca Campeón al que resultó y quedó a 7 puntos del mismo luego de disputarse las 28 fechas del torneo.

Ya en la novena fecha el juez Diego Abal le otorgó **un penal por una supuesta infracción** de Leandro Desábato sobre Camilo Mayada, que derivó en la apertura del marcador de Lucas Alario ante el *Pincha*, en partido que terminó luego 1 a 1.

Para destacar en este torneo, es el partido jugado el 11 de diciembre de 2016 por la fecha 13 en el estadio Mudomental donde bajo arbitraje de Diego Abal, Boca se impuso por 4 a 2.

Esto decía INFOBAE: Boca le ganó a River y es el único líder del campeonato.

"El Xeneize" se impuso por 4-2. Walter Bou abrió la cuenta, pero Sebastián Driussi y Lucas Alario pusieron al frente al local. "El Apache", con dos goles, y Ricardo Centurión dispusieron el triunfo que puso al "Xeneize" como único puntero del torneo.

En mi opinión aquí se dan 2 casos que no se repitieron nunca en este período cuando jugaron Boca y River, las declaraciones previas de un representante de Boca y la impecable dirección de Diego Abal como árbitro de un partido Boca – River.

Esto decía Guillermo Barros Schelotto DT xeneize del árbitro antes del encuentro:

"Creemos que va a cuidar a Pavón, a Tevez, a Gago… Y teniendo en cuenta el penal que cobró en el último River-Estudiantes, vamos a estar atentos", sentenció el *Mellizo* en *Radio Continental*. ¿A qué jugada hizo referencia? A la comentada anteriormente.

En la fecha 16 esto decía INFOBAE: "Polémica en Lanús: Ariel Rojas estaba en offside cuando empató River".

"El Chino igualó el partido y las protestas de los jugadores "granates" no se hicieron esperar. **El juez de línea no reparó en la posición adelantada del volante "millonario"**. Este partido terminó en triunfo de River".

En la fecha 20, el 16 de abril del 2017 pasaba lo siguiente según el diario La Nación y todos los demás periódicos deportivos:

"Tigre - River. Una noche polémica: los dos goles que el árbitro Baliño (el mismo juez por el cual M.G. se quejaría unos meses después) le anuló a Tigre"

El encuentro entre River y Tigre entregó al menos dos acciones controvertidas, ambas en presunto perjuicio del equipo de Victoria y que incidieron notoriamente en el desarrollo del juego. El árbitro Jorge Baliño le anuló dos goles al local; el primero, a los 2 minutos del segundo tiempo, por una **supuesta infracción -un empujón- de Cachete Morales sobre el paraguayo Jorge Moreira (inexistente hasta para el juez de línea que estaba mucho más cerca y habilItó la jugada)**; luego, ya con River en ventaja, a los 13 minutos, **sancionó fuera de juego de Morales, que empujaba la pelota a la red tras un centro desde la derecha, pero el volante de Tigre estaba habilitado, detrás de la línea de la pelota al partir el pase.**

Con Temperley en la **fecha 23 le otorgaron un penal de los que cobran en el área de los contrarios a River pero nunca a favor de ellos como ya vimos y veremos en ejemplos posteriores**, Otro triunfo de River que le permitía acercarse a Boca.

El 14 de mayo en la Bombonera **otra vez con Boca y por la fecha 24, otra vez Loustau errando en perjuicio de Boca una jugada clave.**

"Fabra definió, Batalla lo tocó, Loustau no cobró" decía GOAL.

"Fue penal para Boca. La polémica jugada que hizo enfurecer a la Bombonera" (Minuto 1). Fue triunfo de River y ya estaba muy cerquita.

Por la fecha 25 esta vez lo que le tocó en suerte al equipo millonario fue un gol en posición adelantada con Gimnasia en La Plata y uno anulado al Lobo por la misma causa (a fuer de ser sincero en ambas ocasiones eran infracciones).

El 28 de mayo en el Monumental contra Rosario Central pasó lo siguiente según los todos los que vieron dicho partido, esto decía particularmente Clarín:

"En el primer tiempo Camacho había quedado solo de cara al arco, pero le frenaron la jugada por un offside mal cobrado".

Con San Lorenzo y en una de las ultimas chances que tenía de alcanzar a Boca el árbitro Herrera le otorga un penal, que a la postre no sirvió ya que cayó por 2 a 1.

Y CON TODAS ESTAS AYUDAS ARBITRALES, A M.ARCELO G.ALLARDO NO LE ALCANZO. QUEDA DEMOSTRADO QUE A VECES SÍ Y A VECES NO, SOBRE TODO EN CAMPEONATOS MAS LARGOS DONDE SE MANTIENE INVICTO (NO GANÓ UNO).

XII.4 – Supercopa Argentina 2016

En el verano 2017, más precisamente el 4 de febrero, disputaron en el estadio único de La Plata River y Lanús la coronación de la **Supercopa Argentina año 2016.**

Esta supercopa a la que pocos le daban importancia, según M.G. y sus jugadores era el gran objetivo del semestre, al que luego de perderla y al ver que la habían perdido, eligieron junto la prensa deportiva adicta el campeonato local como gran objetivo ya que habían comenzado a acercarse a Boca. Como ya comenté en el apartado anterior tampoco resultó satisfactorio el logro de dicho objetivo.

Cabe aclarar que River venía de una preparación con algunos partidos amistosos mientras Lanús no.

El resultado final arrojó un 3 a 0 a favor del Granate que lo coronó campeón de la Supercopa 2016.

Esto decía Clarín: "Supercopa Argentina: Lanús gritó campeón y privó a River del título que le falta".

Lo venció 3-0 en La Plata y sumó su sexta estrella. Acosta, Pasquini y Sand (de penal) fueron los goleadores del Granate, que volvió a festejar ante un equipo grande. **A Gallardo, en tanto, se le escapó este torneo por segunda vez.**

XII.5 – LA GALLINEADA MÁS GRANDE DE LA COPA LIBERTADORES

River disputó esta copa correspondiente al año 2017 por haber sido campeón de la copa Argentina, en la cual nos referimos en otro capítulo.

No voy a hablar de la fase previa salvo un pequeño comentario del primer partido el primer partido disputado en Medellín, **donde a River después de "regalarle" un penal sobre el final del primer tiempo, un evidente penal a favor del conjunto colombiano es ignorado por el juez Sampaio pese a las numerosas protestas de los jugadores y técnico rivales (la Conmebol a full).**

Continuamos con un tema muy importante que parece para algunos esto ya se olvidó.

XII.5.1 EL DOPING POSITIVO

Antes de que River pase a octavos de final se produce un hecho vergonzoso que MANCHA la copa Libertadores de este año, aunque es común que desde el 2015 en adelante y hasta el momento salvo podríamos decir el 2016 (¿?), está SIEMPRE MANCHADA con un mismo factor común = Club Atlético River Plate.

El tema es que se descubrieron **casos de doping en el plantel millonario disputando la copa Libertadores.**

Tal como **lo confirmó la COMETABOL** en boca de su presidente se trató de la toma de diuréticos.

Por ello los jugadores Lucas Martínez Quarta y Camilo Mayada fueron suspendidos. **Hay que resaltar que más de 2 casos implicaría la inmediata eliminación del club donde jueguen los jugadores controles positivos.**

La prensa especializada salió a decir que los controles positivos **no habían sido de 2 sino de 7 jugadores. Los invo-**

lucrados eran Lucas Martínez Quarta, Camilo Mayada, Sebastián Driussi, Jonatan Maidana, Leonardo Ponzio, Ignacio Fernández y Lucas Alario.

Aquí algunos de nosotros **nos preguntamos porque no se aclaró que en el caso de los 4 últimos jugadores se trató de controles informales sin valor ya que no habían hechos controles en los partidos involucrados hasta ese momento.**

Allegados al club de Nuñez explicaron al otro día que los dopings se dieron en dos circunstancias diferentes: tres se desarrollaron en partidos y los restantes fueron controles sorpresa sin valor, pero que podrían abonar la teoría de los suplementos contaminados que plantearon desde River.

Es la mejor explicación, la de dirigentes y médico de River en "ese momento" (las anteriores), que yo encontré. Porque es lógico que se haya un "suplemento contaminado" (¿?), es lógico también que se lo hayan dado a TODO el plantel y no solo a 2 jugadores. Entonces además de los involucrados, es casi seguro que el otro "oficial" era Sebastián Driussi, pero si el mismo era castigado la sanción grave recaería también en River.

Una prueba de que este jugador estuvo involucrado en ello es la siguiente; las palabras antes y después del doping de M.G. y Driussi sobre la venta del mismo a Rusia. Ni M.G. que manifestaba que el futbol ruso no era un paso necesario para un futbolista como Sebastián, y la del jugador que antes de este tema declaraba que él no iría NUNCA al futbol ruso hacen sospechar que su venta fue por "otra cosa".

Decían los periódicos de aquel momento:

River está bajo conmoción. Luego del dopaje de Lucas Martínez Quarta conocido ayer, hoy se sumó a la nómina de casos positivos el nombre del uruguayo Camilo Mayada, y habría otros cinco apellidos, según adelantaron fuentes de la Conmebol a Infobae.

Allegados al caso le explicaron a este medio que los dopings se dieron en dos circunstancias diferentes: tres se desarrollaron en partidos y los restantes fueron controles sorpresa sin valor, pero que podrían abonar la teoría de los suplementos contaminados que plantearon desde River.

Los casos positivos se registraron en partidos disputados en la Copa Libertadores y en las muestras de todos los futbolistas habrían encontrado la misma sustancia: **un diurético.**

Lucas Alario también habría consumido un diurético (Getty Images).

Esto se decía en su momento: "River tiene una sospecha y **prepara las pruebas que llevará a la Conmebol para suavizar la sanción** que podría ser durísima (**eso nos creíamos los pobres inocentes que no sabíamos de la existencia de un organismo tan c.......**). El cuerpo médico de la institución de Núñez **cree que todos los jugadores afectados habrían consumido el mismo complejo vitamínico**. Se trata de una medicación que habitualmente utilizan los planteles profesionales de fútbol, pero cuya composición en esta ocasión habría incorporado una sustancia prohibida para la práctica deportiva".

En el informe que presentó el *Millonario* dejaron en claro que trabajarán sobre esta teoría. **"Frente a estos dos casos, refuerza con vehemencia la suposición de una contaminación en algunos de los productos utilizados habitualmente como suplementación"**, advirtieron en el descargo realizado por intermedio de sus canales de comunicación.

Sergio Parodi, el ex atleta mendocino que denunció penalmente al presidente de River, **Rodolfo D'Onofrio, al director técnico, Marcelo Gallardo, y al médico Pedro Hansing por el doping positivo de los jugadores Lucas Martínez Quarta y Camilo Mayada en la Copa Libertadores**, cargó también este miércoles **contra la FIFA y la Conmebol que "encubren" estos casos para otorgarle impunidad a "las mafias que están destruyendo la integridad de los deportistas".**

En diálogo con El Deportivo, por AM 1300, el ex campeón de fisiculturismo sostuvo que los casos de dopaje "se negocian al más alto nivel". **En ese sentido, cuestionó la labor del galeno del club de Núñez y aseguró que hubo "una negociación monstruosa" para que no se supiera la verdad.**

"Decir que los suplementos vitamínicos tenían diuréticos fue el colmo de un gran papelón. Por qué no le preguntaron qué suplementos? Si hubiera estado contaminado, tendrían que haber denunciado al laboratorio. Hay que ver qué sustancia usaron para ganar la Libertadores 2015, porque esto no viene de ahora. Eran siete casos y en 48 horas quedaron dos. Si le hubiera pasado a un club chico a las dos horas estaban afuera, pero esto se negocia. Cuando la verdad se sepa, no sé dónde se van a meter D'Onofrio y Gallardo", lanzó.

"Esto es una MAFIA, no en vano la mayor parte de la FIFA y la Conmebol están en una cárcel de Estados Unidos. José Luis Chilavert está citado en calidad de testigo. Yo no tengo miedo porque ya tuve presiones al ser el primero en denunciar a Diego Maradona cuando era 'Dios', y amigo del entonces presidente Carlos Menem. También cuando denuncié al titular de la AFA Julio Grondona", agregó.

Asimismo, el ex deportista planteó sus sospechas sobre la implicancia del secretario de Deportes, Carlos Mac Allister. "Es muy grave la omisión de denuncia de la FIFA y de la Conmebol. Por eso el juez Sergio Torres va a sentar precedente mundial. Es la primera vez que se denuncia a (el presidente de la FIFA, Gianni) Infantino por encubrir institucionalmente el doping. **El silencio y la omisión es delito**", insistió, en relación al ex lateral de la Selección Argentina.

"La omisión de denunciar de acuerdo al artículo 177 del Código Penal dice que es obligación de denunciar de los funcionarios públicos y de los médicos. Es muy grave lo que está pasando. Es la primera vez que en un juzgado federal nos vamos a enterar de la verdad. La mentira siempre es difusa y confusa. Doy la cara, no tengo nada que ocultar. **River se está cayendo a pedazos con esta mentira**", cargó.

Esto dijo Chilavert acusando a un representante de la COMETABOL y al médico de River.

"D'Onofrio sabía todo 12 días antes": En la Conmebol trabajaron con D'Onofrio para bajar los implicados de cinco a dos soltó el paraguayo. También le pegó a la Conmebol y los médicos de River: "Le hicieron un reportaje a Donato illani, que es miembro de la parte médica de la Conmebol y da la casualidad que trabaja en conjunto con Pedro Hansing en una clínica que tienen entre ellos dos. Obviamente que Villani lo va a defender a Hansing, el médico de River, porque son socios".

Esto está en la justicia:

"Doping en River: denuncian por encubrimiento a Tapia".

Claudio Tapia fue denunciado por encubrimiento del caso de doping en River. La acusación contra el presidente de la AFA es por el caso que derivó en las sanciones a Camilo Mayada y Lucas Martínez Quarta. Los detalles.

El Juzgado Criminal y Correccional Federal N° 12 a cargo del juez **Sergio Torres** recibió una denuncia contra el presidente de la **AFA**, **Claudio** *Chiqui* **Tapia**, en la cual se lo acusa, junto a la **Conmebol**, por encubrimiento del doping de **River** en la pasada edición de la **Copa Libertadores** que terminó con la suspensión de los futbolistas **Camilo Mayada** y **Lucas Martínez Quarta**.

La denuncia -que se realizó el año pasado y que recientemente arribó al despacho de Torres- sospecha de la forma de proceder de la Conmebol como de la asociación local de fútbol, quienes según el escrito **"deberían haber requerido urgentemente la investigación de la justicia Federal"** para tener precisiones sobre las sustancias que ingirieron los jugadores del equipo de Marcelo Gallardo.

"Las máximas autoridades del fútbol nacional e internacional no denuncian los casos de doping ante la justicia penal según los términos del código mundial antidopaje tipificados en nuestra Ley Nacional 26912", afirma el documento.

El texto retoma como fundamento que en un principio se había dado **"nombres y apellidos de siete jugadores de River**, que dieron Doping Positivo y en menos de 48 horas; solo quedaron firmes dos casos", indica el escrito.

El escrito que recibió *442*, caratulado "Tapia Claudio y otros por encubrimiento", habla de **"mafias que lucran con el Doping en el fútbol argentino** y otros deportes de alto rendimiento", por ello solicita en "**carácter urgente**" que se ordene "la declaración indagatoria de todos los responsables".

Realmente es una vergüenza que todo este haya quedado con un manto de sospecha, sin explicaciones y sin preguntas a los involucrados como todo lo referente o que roza al C.A.R.P.

XII.5.2 El reglamento de la COMETABOL para River

Así se informaba de los cambios efectuados por la **COMETABOL por ÚNICA VEZ para la copa 2017: "¿Otra vez escritorio? River, principal beneficiado por cambios en el reglamento"**

Por primera y única vez, la Confederación Sudamericana de Fútbol modificó sobre la marcha las reglas de la competencia.

La Conmebol modificó las reglas de la **copa Libertadores** y permitió a los clubes que sigan en la competición incorporar no 3, sino 6 jugadores de cara al último tramo del torneo continental. **La decisión favoreció directamente a River Plate**, que se encontraba envuelto en una polémica por al menos dos casos de doping positivo.

La nueva determinación de la Confederación Sudamericana causó mucha controversia porque el más beneficiado era el equipo de Núñez, diezmado por las suspensiones y la venta de jugadores.

Incluso, el comunicado oficial expresó que se trata de una medida que se aplicará "excepcionalmente para esta edición".

Como si esto fuera poco, tuvieron tiempo de hacerlo hasta 48 horas antes del primero de los partidos de octavos de final.

"Es triste que se modifique el reglamento cuando no corresponde. Gremio solicitó lo mismo para extender el cupo de incorporaciones hace unos años y se lo negaron. Pero ahora parece que se ampliará a seis por única vez. **La cara de tontos tenemos**. Sabemos perfectamente por qué pasa esto: **porque River tuvo este problema y metió presión**", dijo Daniel Garnero, DT del equipo paraguayo, al respecto.

Esto decían en la página de Independiente "Inferno Rojo": "¿A alguien le queda dudas? **El tema se está apagando ya que los PERIODISTAS PAGOS por don frio ya ni hablan pero esto es gravísimo. Un verdadero papelón".**

"¿**No les parece raro que un día después del tema de los dopings se haga oficial el poder traer 6 refuerzos para la copa Libertadores? ¿O que Driussi haya sido vendido un día después siendo un jugador vital y el mejor socio de Alario en el equipo de Gallardo?** Eso es por este simple motivo:

EL TERCER DOPING POSITIVO ERA SEBASTIAN DRIUSSI, solo la gallina más ciega puede negártelo, pero la razón de su venta va más allá de esto, el artículo 41 de la conmeCHOTA explica que **en caso de que un equipo cuente con 3 o más jugadores bajo efectos de sustancias será DESCALIFICADO de un torneo internacional organizado por este.**

Un asco, lo peor es que ya están instalando que será una "sanción leve" para Quarta y Mayada (**adivinó!**). Dios nos libre pero si **clasificamos a la libertadores 2018, mamita, la que nos espera...** (Realmente un vidente! es lo que pasó un año después con los 2 penales omitidos y la expulsión de Pinola, ja, ja ¿qué expulsión?)".

XII.5.3- Cuartos de final – J.W.- Mosquera

Sobre los octavos con Guaraní no me voy a referir excepto que se dieron en un clima muy caldeado, porque de acuerdo a los últimos 2 apartados anteriores **los paraguayos se sintieron perjudicados.**

En los cuartos, Clarín manifestaba lo siguiente de un hecho previo al partido: "**¿Aquí no ha pasado nada? t**ras el sugestivo cambio de árbitro para el partido de River".

"La lesión del chileno Tobar y la designación de Bascuñán para el cruce ante Jorge Wilstermann generó comentarios y muchas sospechas".

Ahora si pasamos a los cuartos a donde River le tocó enfrentar a Jorge Wilsterman de Bolivia perdiendo el partido de ida por 3 a 0 y ganando la vuelta por 8 a 0.

Esto informaba parte de la prensa en ese momento y me parece un muy buen resumen para no extenderme demasiado.

Dudas sobre el técnico del Wilsterman en el 3 de 0 de JW en Bolivia y el 8 a 0 de River a JW en Argentina

Roberto Mosquera tiene una extensa trayectoria como entrenador. En las últimas horas comenzaron a surgir rumores que lo dejan, por lo menos, muy mal parado.

Aunque **hasta el momento no existen pruebas que sucedió algo extraño** en los partidos por los cuartos de final de la Copa Libertadores.

En el primer partido con JW ganando 1 a **0 saca a su mejor jugador,** el Pochi Chavez (ex Boca) ante la sorpresa de toda la cancha y del jugador que **evidenció severas protestas ante tal cambio.**

Pero la indignación en Bolivia ante el 0 a 8 fue tal que se dieron cuenta **de que Roberto Mosquera ya había participado de un encuentro** por la Copa Libertadores que favoreció a River Plate. Fue en el 2015. **Mosquera era el entrenador de Juan Aurich**, que clasificaba con solo empatar de local (venía invicto en tal condición) **y MISTERIOSAMENTE PERDIÓ CON UN EQUIPO SUPLENTE Y DE JUVENILES** para darle la clasificación a River. **Mosquera siempre ha reconocido que siente algo especial** por el equipo de la banda cruzada.

Asimismo hubo una reunión previa al partido de vuelta entre los presidentes de los equipos que disputarían los cuartos de final, cosa que enardeció sobremanera a los hinchas del equipo boliviano.

Esto decía INFOBAE:

El presidente de Jorge Wilstermann confirmó una reunión con dirigentes de River Plate: "Sólo hablamos de fútbol"

En diálogo con Infobae, Grover Vargas admitió que tuvo un encuentro con directivos del club argentino antes del partido de Copa Libertadores pero negó rotundamente haber recibido un soborno para facilitar la goleada

Ante los rumores que lo vinculaban con aceptar un presunto soborno millonario de la **Conmebol** para caer derrotado ante **River Plate** en la **Copa Libertadores**, el club boliviano **Jorge Wilstermann** emitió un comunicado oficial para desmentirlos. Con respecto a este escrito, el presidente del club **Grover Vargas** admitió haberse reunido con directivo del club argentino, pero solo para ¿"**hablar de fútbol**"?

"Tuve un **encuentro con dirigentes de River Plate en el barrio Puerto Madero**, en Buenos Aires, pero **solamente hablamos de fútbol**", comentó **Vargas**, en **diálogo exclusivo con Infobae.**

El directivo del equipo de Cochabamba desestimó la acusación que afirmaba que su equipo se había dejado perder por **8-0** en el partido de vuelta de los **cuartos de final** de la **Copa Libertadores a cambio de 23 millones de dólares** y **la garantía de que Bolivia iba a organizar el Mundial 2046.**

Jorge Wilstermann cayó 8-0 ante River Plate y quedó eliminado de la Copa Libertadores

En ese sentido, el líder de la cúpula dirigencial de **Wilstermann** afirmó que **no tuvo oportunidad de conocer al paraguayo Alejandro Domínguez (Dominguez, otra vez Dominguez, ¿Qué raro, no?** y refutó la versión que circuló por Whatsapp en su país, causándole problemas a su entidad.

"**Ninguno de mis jugadores habló con nadie ni yo me he reunido con directivos de la Conmebol. Ni siquiera lo conozco al presidente Alejandro Dominguez (titular de la Conmebol), no tuve la oportunidad**", sentenció **Grover Vargas** en su charla con **Infobae**.

El presidente de River Plate de Argentina, Rodolfo D'Onofrio, señaló hoy que no se puede poner en duda la honestidad del club Wilstermann (¿y la suya?).

Referente al DT, podemos agregar que en un partido de liga perdió en los escritorios con Bolivar por poner más extranjeros de los permitidos y también fue miembro del plantel de Perú en 1978 (participe del famoso y dudoso 6 a 0 de Argentina que la llevó a la final del mundial).

XII.5.4 LA GALLINEADA MÁS GRANDE DE LA LIBERTADORES

En la semifinal de la Copa se enfrentaron Lanús y River para lograr un ganador que fuera a la final.

Si bien Lanús pasó a la final, hay un hecho que es de destacar. Nunca en una semifinal un equipo que perdía por 3 a 0 logró revertir un resultado a 4 a 3, convirtiéndose en un hecho histórico ya que fue la gallineada más importante de la Copa Libertadores en todo su desarrollo. Superó inclusive cuando River se ganó el mote de gallina en esa recordada final en Santiago donde a 15 del final derrotaba a Peñarol de Montevideo por 2 a 0 y luego terminó perdiendo el partido 4 a 2, o el pase de ronda con San Lorenzo en el Monumental quién logró empatarle el partido perdiendo 2 a 0 con 2 jugadores menos y clasificarse, o la jugada con Boca donde después de ir ganado 3 a 1 el primer tiempo terminó perdiendo 4 a 3.

Queremos recordar que este nuevo hecho histórico (el otro record es la goleada recibida en la era profesional con Boca) fue bajo la conducción de M.arcelo G.allardo.

Comienzo a relatarles lo que sucedió:

River en la ida en su cancha con un gol sobre el final derrotó al conjunto granate por 1 a 0.

En la revancha disputada en Lanús el 31 de octubre de 2017, me voy a extender un poco más porque hay ciertos detalles que merecen comentarse.

Parte de lo siguiente decían **Clarín** e **INFOBAE** en los comentarios de este "histórico partido":

Es una historia que se recordará por mucho tiempo.

Lanús, el que nunca perdió la fe, hizo los cuatro goles que necesitaba después de haber quedado 2-0 abajo en el marcador demasiado pronto en el partido, ganó 4-2 (cabe aclarar que el gol de visitante tiene vigencia en esta etapa ante el empate en goles en la serie) y jugará por primera vez la final de la Libertadores.

Lanús era mucho más en los 15 primeros minutos, **pero** el *Granate* no estuvo fino y en la primera aproximación River convirtió. Ignacio Scocco con un **POLÉMICO** penal a los 17', tras una discutida jugada entre Diego Braghieri y *Nacho* Fernández (**el actor del área rival, perdón del área penal**). Penal ciertamente dudoso y no revisado en el VAR. River ganaba y **obligaba a Lanús a marcar tres goles si quería dar vuelta la serie.**

Y si fue grande el golpe en el estadio con el gol de Scocco, mucho más cuando a los 24 minutos el pibe Montiel le dio un mazazo que lucía definitivo. *Pity* Martínez mandó un centro envenenado al área de Lanús, Andrada le perdió la vista a la pelota cuando Maidana amagó con rozarla (**¿en posición adelantada?**) y dio un rebote largo que Montiel mandó a la red para hacer gritar a los de Gallardo. Faltaba jugar más de una hora de partido, pero **River ya se sentía en la final ya que Lanús debería ahora marcar 4 goles.**

El equipo de Gallardo se confió y cuando faltaban apenas segundos para el final de la primera etapa *Pepe* Sand descontó. Pese al gol recibido, la actitud de River llamativamente no cambió y salió dormido a jugar el complemento. Y **llegó otro mazazo del delantero con pasado en el elenco de Núñez a los 45 segundos, para poner otra vez a su equipo en carrera.**

Con River sin poder reaccionar, **Lanús fue por más y en menos de diez minutos logró los dos goles que necesitaba** para avanzar. *Laucha* Acosta (16') y Alejandro Silva (23'), con un penal sancionado por el VAR, **confirmaron la remontada histórica** 4-2 para el *Granate,* que se clasificó a la final de la Copa Libertadores por primera vez. Mientras tanto, River se llevaba una decepción que va a costar mucho olvidar (a la prensa "comprada" no le costó mucho hacer olvidar semejante transpie).

Con River sin poder reaccionar, **Lanús fue por más y en menos de diez minutos logró los dos goles que necesitaba para avanzar.** *Laucha* Acosta (16') y Alejandro Silva (23'), con un penal sancionado por el VAR, **confirmaron la remontada histórica** 4-2 para el *Granate,* que se clasificó a la final de la Copa Libertadores por primera vez.

Cabe aclarar que con el partido 2 a 0 a favor de RiBer ante un rebote en el área la pelota pega en el brazo del jugador de Lanús Marcone lo que para **algunos era penal** (por ejemplo para mi) y para otros NO (por ejemplo el ex árbitro internacional Castrilli). Sobre esta jugada y para darle un título de película **"2 perfectos caraduras", M.G. y D'Onofrio se la pasaron protestando un rato largo (se olvidaron de todo lo que venía sucediendo hasta el momento y de lo que seguiría sucediendo después).**

XII.6 Segundo Pitanazo - Superliga 2017/2018

Antes de empezar veamos lo que pensaba River de este campeonato:

"**Superliga: River, el objetivo de todos es el título (Clarín Fútbol local)**

Y ganar la primera Superliga es un deseo que no sólo el club quiere cumplir. También el entrenador M.arcelo G.allardo, a quien le falta un título local en su exitoso ciclo al frente del club".

El campeón nuevamente resultó ser Boca como en los últimos 3 torneos "largos". River ocupó el 9no. puesto a 13 puntos del campeón.

Como el libro se refiere básicamente a lo que pasó en los clásicos entre Boca y River les voy a comentar lo que sucedió el 05/11/17 bajo las órdenes de Nestor Pitana en lo que bien se podría llamar **"el segundo Pitanazo"**:

Apenas comenzado el partido 2 violentas infracciones de Ponzio y Maidana, si bien fueron sancionadas, **no fueron marcadas con tarjeta amarilla como correspondía.**

Al final del primer tiempo es expulsado Nacho Fernández por violenta plancha en el pecho de Cardona.

El tiro libre se convierte en el primer gol de Boca, **y pareciera que la "impunidad para pegar", porque un minuto después del mismo, Maidana comete una falta para expulsión que para el juez merecía amarilla (se salvó 2 veces, una por no tener amarilla porque Pitana no lo quiso antes y otra porque era roja** directa). Un minuto más tarde Martínez le aplica un tremendo codazo a Nandez, y cuando todo el estadio suponía que iba a ser expulsado Pitana cobra infracción a……..faBor de River sin siquiera reprenderlo al jugador millonario.

Al término del primer tiempo los jugadores de River rodearon al árbitro con protestas de Maidana (ya tenía amarilla), Enzo Pérez (ya tenía amarilla) y Ponzio (este es impune total) entre otros. Que hizo Pitana y compañía NADA. Hablando de las protestas no quedaba ninguna duda que la única sanción posible era la expulsión, pero los jugadores de RiBer se deberían sentir impunes tal como lo vengo comentando del 2014 en adelante.

El segundo tiempo fue peor (para Boca por supuesto). A instancias del juez de línea le cobran una posición adelantada a Nandez que estaba a un metro del línea y también por un metro habilitado cuando junto con Benedeto se iban al gol, porque estaban solos contra el arquero.

Al rato nomás se produce una expulsión insólita de Cardona cuando estamos todavía para discutir si fue infracción. El impune capitán de River le comento al jugador de Boca que era para compensar. Mi pregunta es para compensar ¿Qué?

Así, con unos cuantos cobros menores también fue empujando a Boca contra su arco hasta que River consiguió el empate.

Pero esta vez a diferencia de la anterior "Pitanazo" el triunfo le correspondió a Boca.

Cabe aclarar que en el segundo tiempo Auzqui en la disputa con Favra se lleva la pelota con la mano cometiendo una clara infracción que ni Belatti ni Pitana cobraron ante el estupor de los jugadores de Boca; lo que si cobraron fue corner (otra vez "no era corner" por la infracción y porque la pelota no había salido totalmente).

El diario LM de Neuquén: "Sin embargo, en el complemento el referí comenzó a quedar expuesto. Primero por una reiteración de sanciones a favor de River, con algunos pitazos errados (un off side mal cobrado para cortar una contra de gol y algunas faltas dudosas) que comenzaron a inclinar la balanza para el local.

El punto culmine fue la expulsión de Cardona, que vio la roja por un golpe a Enzo Pérez, que el árbitro consideró más violento de lo que fue".

Esto decía OBE: Goce Monumental

Boca ganó un tremendo superclásico en Núñez, en el que pasó de todo: golazos, expulsiones y polémicas. El Xeneize sumó su octava victoria seguida y le sacó 12 puntos a River.

XII.7 Campeonato Superliga 2018/2019 – Segundo Viglianazo

El 23/09/2018 en la Bombonera otra vez Bigliano dirigiendo el clásico, ahora con 2 ayudantes más (Contando el de afuera 6 jueces).

Fíjese lector como actúa **"la corpo antiBoca la tienen adentro" con un comentario que coincide plenamente con mi pensamiento pero por supuesto menos el título.**

Título de Clarín: **"Vigliano perjudico a los dos por IGUAL"**

Indignado por el título, ya que el resto del periodismo y yo habíamos visto otra cosa me puse a leer lo que decía este comentarista:

1. Cobro de infracción inexistente cuando Pavón iba derecho al gol.

2. Codazo de Pratto que merecía la expulsión.

3. Nuevo codazo de Pratto a jugador de Boca que merecía la expulsión.

4. Manotazo de Cardona que debió ser expulsado (una a favor de Boca).

5 y 6. Penal por mano clara en el área del IMPUNE Poncio no sancionado (esta no la vio, la de Gago anterior la inventó) y expulsión (ya estaba amonestado, a Gago sí lo hizo por NADA).

El problema que tampoco la observaron los dos jueces auxiliares el de atrás del arco y el línea del sector.

6 y 7. Penal y expulsión (ya estaba amonestado) de Casco no sancionado por empujón a Pavón cuando iba a convertir el gol. Claramente se ve que el árbitro no estaba tapado por nadie y menos los auxiliares.

8. Patadón de Pinola a Villa no sancionado.

Según este periodista que tituló IGUAL, el "bombero" se equivocó 7 veces en perjuicio de Boca y 1 en perjuicio de riBer, por lo que entiendo que haBría que darle el premio noBel de matemáticas ya que descubrió que 7 es IGUAL a 1.

XII.8 - Copa Argentina 2018

No me quiero extender demasiado con el tema de la copa Argentina pero en el partido de semifinal con Gimnasia sucedió este hecho insólito:

Gimnasia buscaba el empate, lo acorraló a River y llegó la jugada polémica de la noche. Iban 4 minutos y el paraguayo Víctor Ayala mandó el córner con rosca desde el costado derecho. La pelota cayó en el corazón del área y para ese entonces **Maximiliano Coronel ya estaba tirado en el césped.**

El juez del partido Facundo Tello frenó la acción y expulsó a Javier Pinola. Perfecta decisión ya que el defensor de River había frenado la carrera del zaguero de Gimnasia poniéndole el antebrazo en el rostro (codazo).

El asunto que generó la protesta de todo el plantel de Pedro Troglio es por qué NO cobró penal ante la infracción durísima de Pinola siendo claro que cuando se produce la infracción la pelota ya estaba en juego. River se salvó de que le cobraran penal.

Luego por penales sería derrotado pasando Gimnasia a la final de la Copa.

Esto decía un diario electrónico: GIMNASIA-RIVER: BONIFACIO Y TELLO PERJUDICARON AL LOBO

El defensor Tripero cometió dos fuertes infracciones en el primer tiempo, y antes del receso, se fue expulsado dejando a su equipo con un jugador menos. En el complemento el árbitro **no le cobró** un claro penal, en la fuerte trompada de Pinola a Coronel.

XII.9 Copa del Mundo de Clubes – El último gran robo del 2018

En la primera instancia de la Copa del Mundo de Clubes River enfrentaba a Al Ain campeón de Emiratos Arabes Unidos, obteniendo **otro record negativo en la época de M.arcelo G.allardo, ya que es el ÚNICO equipo argentino que no pasó las semifinales de la competencia.**

El partido terminó 2 a 2 y por penales Al Ain eliminó a River pero antes pasó lo siguiente:

En la etapa inicial hubo una **clara mano de Exequiel Palacios (como en la Boca en la final de la Libertadores, ¿y el VAR?) adentro del área que debió ser cobrada como penal para los árabes fue ignorada por el árBitro italiano. Lo peor de ello es que el árbitro a instancias del VAR fue a ver la repetición por TV.**

El gran robo siguió con una presunta posición adelantada tras un rebote previo que habilitaba al jugador árabe. Quedó clara **que la habilitación al delantero de Al Ain había sido de un jugador de River (tal como sucedió y con el mismo resultado en el único título del mundo millonario en su partido con el equipo de Bucarest).**

Quien tuvo la victoria en su zurda fue Gonzalo Martínez, tras una polémica infracción adentro del área sobre Milton Casco, cuando desde la repetición por TV se veía que **NO había ningún tipo de infracción sobre el defensor de River (PENAL PARA RIVAR).**

Cabe aclarar también que el equipo árabe venia de jugar 2 partidos para clasificar de 120 minutos, además de este que representaba su tercer partido con la misma cantidad de minutos.

Esto decía Clarín: "La pesadilla histórica de River en Al Ain: es el primer argentino que pierde en las semifinales de un Mundial de Clubes".

River la pasó muy mal con Al Ain. Nadie esperaba que perdiera en su debut en el Mundial de Clubes. Con la cabeza más en una hipotética final contra Real Madrid que en la semi, los dirigidos por **Marcelo Gallardo** sufrieron un tropezón histórico **contra el modesto campeón de Emiratos Árabes Unidos, que había llegado al torneo por invitación, sin ser monarca continental**, y avanzó luego de sorprender al Team Wellington también por penales y al Esperance de Túnez.

Conclusión del capítulo:

M.arcelo G.allardo ganó todo en River, parece que los títulos del MUNDO no se cuentan, como así tampoco los campeonatos de la LIGA LOCAL o alguien que me informe cuando los ganó.

XIII – Fuera M.arcelo G.allardo – Principios 2018

Esto sucedía a principios de 2018 y me remito a copiar estas fuentes porque me quedé pasmado cuando las leía del DT más exitoso de River en su historia (no así la opinión de notable ex jugador de la Banda, el Beto Alonso que considera que Veira es el mejor DT ya que ganó la Copa del Mundo, y para mi tiene razón).

Esto decía OLE a principios del 2018 de M.G. cuando la campaña de River era realmente mala (resucitada solo por Loustau y la COMETABOL)

OLE - La crítica a las críticas

Para Gallardo, los elogios son pura música y las críticas tiene un ruido insoportable.

"Gallardo reclama un debate futbolero "con argumentación" y mientras lo hace descalifica al interlocutor (un interlocutor impersonal), lo acusa de desestabilizador y lo trata de miserable.

Curiosa manera de contribuir a ese intercambio civilizado de opiniones fundamentadas que predica... sólo para los demás.

Donde Gallardo ve desestabilización, hay opiniones sólidas. El periodismo (porque a él se dirigen sus diatribas, no nos hagamos los tontos) **está lejos de ser un gremio** de librepensadores inmaculados, pero en el caso del **Muñeco NADIE** (hasta donde da la capacidad de ver, escuchar y leer lo que se opina aquí y allá) cruzó la frontera del respeto.

La investidura de Gallardo no fue manchada por ridículos pronósticos apocalípticos, no se maltrató a la persona detrás del entrenador y se preservó el lugar de privilegio al que él llegó por **mérito propio (¿?)**. En tal caso, se argumentó -con más o menos vehemencia, porque vamos, estamos debatiendo sobre fútbol, no sobre el origen del arte barroco- y seguramente al entrenador no le gustaron algunas cosas que escuchó, quizá porque tenían sentido. En el fondo, a Gallardo le pasa lo que le pasa a los tipos tan expuestos como él: **los elogios son pura música. Las críticas, un ruido insoportable. Sobre todo las "fundamentadas", ¿no?".**

Otro diario local: América Superliga dijo en ese momento:

Título: "Andate Gallardo" suena cada vez más fuerte en el mundo River.

Tras la derrota 1 - 0 ante Vélez en Liniers, sexta caída consecutiva en condición de visitante, las redes sociales se inundaron con el pedido de muchos hinchas de River de que Marcelo Gallardo deje de ser el entrenador. Todavía tiene banca, pero crece el número de críticos.

"Andate Gallardo" suena cada vez más fuerte en el mundo River.

Desde 2016 hasta acá, porque es mentira eso de que River se conforma con ganarle una Copa Argentina a Atlético Tucumán, se intentó por todos los medios que la crítica no llegara al entrenador. Los propios hinchas probaron todo tipo de variante antes que caerle a ese entrenador que tomó estatus de prócer al coronarse campeón de Copa Sudamericana y Copa Libertadores, en ambas ocasiones habiendo eliminado a Boca en el camino.

Pero muchos, ya no saben con quién meterse cuando fecha a fecha **el equipo muestra que no tiene respuesta y no da ningún indicio de que esa falta de fútbol desaparecerá**, mágicamente, cuando le toque debutar en la Libertadores 2018, nada menos que ante Flamengo y en Brasil. **Entonces, el entrenador fue también arrastrado hacia el centro de la crítica.**

Y la última derrota ante Vélez dejó en evidencia el descontento, ya mutado en desesperación, de muchos hinchas de River con Marcelo Gallardo, que se tradujo en una catarata de manifestaciones en las redes sociales, todas con un pedido común: "Andate".

"DEJEN DE DESTROZAR A RIVER UN POCO. ANDATE GALLARDO YA NOS ESTÁS HACIENDO DAÑO CHABON. ENTENDÉ DE UNA VEZ".

. — Leo Kosovan 04121993 (@KosovanLeandro) 25 de febrero de 2018

. Tengo vergüenza de ser hincha de river, gallardo la Concha de tu puta madre muerta, **andate y llévate al mamut de 12 millones de dólares a donofrio y francescoli dos chorros con Paco cazal**

. - elchacalon (@bravofn22) 24 de febrero de 2018

. - Christian C.A.R.P@Zurdo20carp decía: "Andate Gallardo la cama que te están haciendo es terrible".

. - RIVER PLATE@marcos_CARP_92 comentaba: "Andate Gallardo te falta perder con chacharita y patronato para q seamos la basura de la super ligarcha

. – MARCOS@Marcos_Sangui "Chau, apagué la tele. Andate Gallardo ya está.

Y así cataratas de mensajes del mismo, la mayoría de ellos irreproducibles.

LA NACION decía:
"Huracán-River, Superliga: el equipo de Gallardo volvió a perder y se hunde en el puesto 19".

River sigue sin hacer pie en la Superliga. Tras el receso, el equipo de Gallardo volvió a mostrar debilidad en su juego y perdió ante Huracán 1 a 0, en Parque de los Patricios.

"Gallardo debería callarse, River dio lástima el domingo", la dura crítica de José Basualdo al DT millonario

Tras un fin de semana cargado de polémicas arbitrales, siguen los cruces de declaraciones entre River y Boca. Esta vez, saltó a escena un histórico volante xeneize de la era Bianchi: José Basualdo. El Pepe fue muy crítico con Marcelo Gallardo, entrenador millonario, quien sugirió que existe una conspiración para perjudicar a su equipo **(el muy caradura decía esto a 21 puntos de Boca el puntero, cuando ya vimos lo que pasó y lo que volvería a suceder).**

"Gallardo debería callarse. Ya no sabe qué decir del problema que tiene con el equipo y quiere derivar lo mal que la está pasando hacia otra gente", aseguró Basualdo en diálogo con el programa de radio Boca de Selección, que se emite por AM 770. "River daba lástima ayer (por el domingo), debería preocuparse más por eso y no buscar cosas externas. **Como por qué pierde los partidos y está a 21 puntos de Boca".**

XIV – Copa Argentina 2016

Para no detenerme en torneos menores me voy a remitir a lo que decían diversos periódicos:

Cuartos de final

"River, con ayuda del viento y el árbitro, clasificó a 'semis' y Unión se sintió 'robado'"

River Plate se clasificó este jueves (27/10) para las semifinales de la Copa Argentina 2016 tras ganarle por el partido que correspondió a los cuartos de final a Unión de Santa Fe. El fuerte viento que soplaba dentro de la cancha **y las malas decisiones que tomó el árbitro del encuentro Federico Beligoy, quién debió expulsar al arquero Augusto Batalla y al defensor Arturo Mina por juego brusco, influyeron en la victoria de los 'Millonario'** y desataron la bronca del entrenador 'Tatengue' Leonardo Madelón y sus jugadores contra las autoridades designadas. El partido se disputó en el estadio José María Minella.

Nereo Fernández, comenzó a hacer gestos de que le estaban "robando" el partido y "que alguien la puso". Esa jugada condicionó el resto del trámite. Emanuel Brítez fue a protestar y vio la roja.

Semifinal

River, con la ayuda de Herrera (no le cobró un penal al "LOBO")

"River Plate se clasificó este jueves finalista de la copa Argentina al derrotar a Gimnasia. El final de la primera mitad estuvo signada por la polémica debido a que el árbitro Darío Herrera (ya fue instruido como dirigir a River por D´Onofrio) no cobró un claro PENAL a FAVOR del Lobo".

Final

Como la final fue dirigida otra vez por Loustau quería realizar la siguiente comparación:

Loustau con Boca

Decía Clarin para la semifinal disputada por Boca – Rosario Central (copa Argentina 2016).- **Hubo jugadas polémicas que favorecieron a Rosario Central y que podrían haber cambiado el desarrollo del juego ante Boca por la Copa Argentina.**

Las dos jugadas que pudieron cambiar la historia sucedieron en el primer tiempo, cuando el partido aún estaba 0-0. Primero, a los 29 minutos, **la pelota le pegó en la mano al defensor Dylan Gissi, de Central, en su propia área, en un penal que él y su juez de línea decidieron ignorar.**

Todos los jugadores xeneizes reclamaron, pero Loustau dejó seguir.

Luego, a cuatro minutos más tarde, Cristian Villagra, **que ya estaba amonestado, cometió una fuerte infracción sobre Pablo Pérez que merecía "minimo" una tarjeta amarilla. La segunda, la de la expulsión. El árbitro entendió que no era para tarjeta y el jugador de Central siguió en el campo de juego. Luego declaró que ¿deseaba que los 2 equipos terminaran con once jugadores?, ¿y el reglamento LOUSTAU?

Daniel Angelici (solo él), presidente de Boca, entendió que la actuación de Loustau fue correcta. Por eso, después del partido, pasó por el vestuario de los árbitros para saludarlo a él y a sus compañeros. No queda más remedio que preguntar: ¿QUIÉN LE DIO LA ORDEN DE FELICITAR A ALGUIEN QUE NO CUMPLE CON EL REGLAMENTO O FUE UNA DECISIÓN PROPIA COSA QUE NO CREO?

Loustau con riBer

El árbitro de la final de la Copa Argentina 2016, Patricio Loustau, había dicho en la previa que estos son los partidos que "todos quieren jugar". Lo que pasaba es que el mundo del fútbol prestaría particular atención a este encuentro por la polémica final del año pasado, en la que Rosario Central fue particularmente perjudicado ante Boca por el arbitraje de Diego Ceballos.

En este contexto, **el primer tiempo fue tan o más polémico que la final anterior.**

Primero, en la jugada previa a la apertura del marcador, Leonardo Ponzio sujetó a Teo Gutiérrez **con ambos brazos en el área y el juez decidió no cobrar el penal.** El colombiano protestó y **también pidió una mano de Lucas Alario.**

En la jugada siguiente, Damián Musto bajó a Nacho Fernández y ahora sí -en una decisión acertada-, el juez cobró el penal que Alario cambió por gol.

Minutos después, Dylan Gissi tomó a Alario al borde del área, el partido continuó, pero el árbitro paró el encuentro y cobró tiro libre a instancias del juez de línea. **Además, amo-**

nestó al defensor de Central. Una jugada que encendió a Eduardo Coudet.

Para terminar un primer tiempo caliente, Loustau cobró un segundo penal para River al que se lo puede calificar de "súper fino". **El delantero millonario se tiró y el árbitro compró.**

Así River oBtuvo la copa Argentina que lo clasificaría a la Libertadores del año siguiente.

XV – Copa Argentina 2017

16vos.

Luego de que se dieran a conocer la fecha y horario del encuentro entre River e Instituto por los 16vos. de la Copa Argentina (Domingo 20/08 a las 21.15 en Mar del Plata), estallaron los cordobeses. Es que el equipo estaba en plena pretemporada, no tenía a sus refuerzos habilitados y debió presentar un 11 muy limitado para jugar el partido. Por esta situación, el asesor deportivo de la Gloria, Diego Klimowicz, dijo: "El que toma la decisión de jugar es River, yo creo que AFA hizo lo posible porque no se juegue". Y refiriéndose a la supremacía de los equipos grandes, bromeó: "Si hubiese ganado Atlas, este partido lo estamos jugando en diciembre". Agregó: el club no está en "igualdad de condiciones" que River. "Apenas tenemos 11 jugadores con contrato profesional. Necesitamos 18. De los que trajimos no puede jugar ninguno. No es que no queremos jugar, sino que nos gustaría hacerlo en igualdad de condiciones. Vamos a tener que presentar la cuarta o quinta división", señaló

"El que está presionando mucho es River, D'Onofrio. Quieren estar tranquilos y dedicarse al campeonato y la copa. Es la conveniencia de ellos, cagándose en los demás". Así de duro fue **Diego Klimowicz** con sus declaraciones, en la previa al duelo del domingo entre el Millonario e Instituto de Córdoba.

El manager de la *Gloria* brindó un panorama de la crítica actualidad del club en *Cadena 3*: "**Instituto tiene diez días de pretemporada, hay jugadores cargados (en lo físico) y otros no habilitados que todavía no tienen sus contratos. Es bastante triste esta situación**".

Contó Defagot que habló con Rodolfo D'Onofrio, presidente del millonario. Les pidió postergar el partido -estaba pautado que Boca y Brown de Puerto Madryn jueguen este fin de semana pero el xeneize aceptó jugarlo más adelante- pero el club de Núñez dijo que NOOOO.

El entrenador Gabriel Gómez ya planifica afrontar esta cita con los 13 jugadores que tiene a mano, más juveniles de las categorías menores.

¿M.G. como era lo de sacar ventajas a toda costa? Realmente hay que ser muy caradura para opinar de ciertas cosas.

A su vez podemos decir que River cambió la fecha con Sarmiento de Resistencia EN OTRA EDICIÓN DE ESTA COPA porque a su DT no le convenía; esto es realmente como "PERJUDICÓ" A RIBER LA "AFA BOSTERA".

SEMIFINAL

En octavos a los 10 minutos jugando contra Defensa y Justicia le otorgan un penal que sirvió para que pase a cuartos pero a fuer de ser sinceros en mi criterio el mismo existió por mano de un defensor del Halcón.

Pero ya en semifinales después de pasar a Atlanta observamos lo siguiente:

La polémica del primer gol de River ante Morón: Ignacio Fernández estaba fuera de juego

Decía un periódico en internet: Deportivo Morón presentaba resistencia. Después de un buen tramo de primer tiempo en el que había logrado que **River** jugara su juego, había retrocedido peligrosamente en el campo. El "Millonario" intentaba, pero sin luces para hallar los espacios, para combinar intérpretes. Hasta que **a los 39 minutos de acción**, el conjunto de Marcelo Gallardo encontró a **Gonzalo Martínez** libre por izquierda. El "Pity" **ejecutó un buen centro** hacia el centro del área, donde tres de sus compañeros entraban con apetito. Fue **Ignacio Fernández el que capitalizó la cesión y empujó al gol PERO EN CLARA POSICIÓN ADELANTADA que VIGLIANO (Bigliano nuevamente) y Yamil Bonfá NO OBSERVARON.**

Así nuevamente R.iver Plate obtuvo una nueva copa.

XVI – Así ganó
la Supercopa Argentina 2017

En marzo 2018 por la Recopa Argentina (ganador de Liga Local versus ganador de Copa Argentina) se enfrentaron en Mendoza otras vez los clásicos rivales.

Debido a los hechos comentados anteriormente este clásico estaba enmarcado en un clima muy pesado.

No obstante ello, se visualizó que con tal de obtener una ventaja extra con frases como la "Guardia Alta" y la "AFA Bostera", sobretodo de la M.arcelo G.allardo y Dona Frio como los mayores exponentes acompañados por el periodismo pago el clima no estaba bien, tanto que desde la organización autorizaron a que el equipo perdedor pudiera retirarse de la cancha antes de la premiación. Estas declaraciones son una incitación a la violencia porque queda demostrado en todo lo relatado que exactamente debió ser lo contrario, Boca era el que tenía que tener la "Guardia Alta" y cuidarse de la "AFA antiBostera".

Esto decía Fantino: "A Boca lo van a cagar en la supercopa y Boca está durmiendo la siesta. Boca duerme con el arbitraje, los dirigentes roncan, si los jugadores me escuchan, duermen los dirigentes, duermen (¿un adivino o era muy fácil adivinarlo?). El DT (por Guillermo) no quiere más quilombo, no quiere dar conferencia de prensa, la tuvo que dar el presidente".

El resultado de todo ello tan "BIEN ARMADO" como siempre derivó que APENAS COMENZADO EL PAR-

TIDO EL AGARRÓN DE PONZIO EL IMPUNE a Cardona DENTRO DEL AREA NO FUERA COBRADO POR LOUSTAU (OTRA VEZ LOUSTAU). Me detengo un minuto porque los partidos finales nacionales de River los dirige LOUSTAU y los internacionales ARBITROS URUGUAYOS.

Luego de ello, el rey de la simulación Nacho Fernández se TIRA en el Área de Boca y Loustau (quiero aclarar que había 2 jueces extra atrás de los arcos) cobró una infracción INEXISTENTE.

En el segundo tiempo con Boca en busca del empate en un corner favorable a Boca evidente agarrón a Pablo Pérez en el área de River que era penal para Boca que ni Loustau, ni el juez de línea, ni el que estaba atrás del arco (Rapallini) pudieron dejar de ignorar. Esto derivo del contragolpe de la jugada en el segundo gol de River.

Esto decía Clarín:

> El penal que Loustau no vio y pudo haber cambiado la historia

Agregaba el diario lo siguiente: Fue un agarrón de Zuculini a Pablo Pérez, en la jugada previa al segundo de River.

Un instante antes del 2 a 0, hubo un penal de Bruno Zuculini sobre Pablo Pérez.

Finalizado, y lo extraño de todo esto es que los jugadores de Boca y su cuerpo técnico que se quedaron en el campo de juego, no protestaron en absoluto ni antes, ni durante, ni después de semejante ROBO, el cual llevaba el número...... (interminable es contarlos). Allí me dí cuenta que dicho SILENCIO había sido impuesto por ALGUIEN y realmente creo que se trata de alguien muy allegado a un expresidente de BOCA, ya que convenía según su criterio para otros intereses, que no son los futbolisticos precisamente.

XVII – El R.oBo más importante
del principio al fin

La copa Libertadores del 2018 estuvo **MANCHADA** de principio a fin como se dice ahora.

Comenzaré a relatar que es lo que pasó:

XVII.1 Clasificación a octavos de zonas de Boca y River

XVII.1.1 Zona de Boca

En la zona de Boca participaron Palmeiras de Brasil, Junior de Barranquillas y Alianza Lima.

Palmeiras fue cómodo puntero con 5 ganados y 1 empatado, por lo que la lucha por el segundo puesto clasificatorio la llevaron a cabo Boca y Junior. Le comento esto porque los datos que siguen rozan una palabra llamada **"CORRUPCIÓN"**.

En la anteúltima fecha Junior recibía a Boca con un punto de ventaja sobre el mismo, y de ganar dicho partido no se necesitaría de la última fecha clasificándose segundo automáticamente.

Esto decía INFOBAE: **"El boletín del árbitro de Junior-Boca: sus errores fueron la figura del partido"**.

El árbitro Roddy Zambrano fue determinante en el partido entre Junior y Boca.

El ecuatoriano **Roddy Zambrano** fue el encargado de dirigir este partido de enorme trascendencia para la clasificación de la zona.

Porque **los errores de Zambrano, con foco en el área, fueron la figura del partido**. En un encuentro en el que ambos conjuntos se jugaban mucho desde lo deportivo, Zambrano no acompañó con su pobre desempeño.

"¿QUÉ COBRÓ? Decía #LibertadoresxFOX | Insólitamente, Roddy Zambrano anuló el gol de Pablo Pérez para Boca a los 25 minutos del primer tiempo con el partido 0 a 0".

Un grueso error cometió a los 30 minutos, cuando **Piedrahíta giró simulando una falta de Wilmar Barrios** y el árbitro, con una perfecta visión de la jugada, realizó un claro gesto de que la falta no ameritaba ser considerada.

Pero **el asistente 2 lo indujo vía intercomunicado**r a cambiar de opinión y **sancionó un penal inexistente**.

En el complemento, otra acción muy discutida por Boca. Tras un centro del delantero "xeneize" Cristian Pavón, Víctor Cantillo abrió el brazo e impactó la pelota en un claro penal no sancionado por el árbitro.

Como conclusión de ello, Junior le siguió llevando un punto a Boca antes de disputar la última fecha de la zona de grupo, donde visitaría a un Palmeiras ya clasificado primero y que por ello lo hizo con algunos jugadores suplentes.

La Conmebol para los 2 partidos decisivos de la zona determinó que los árbitros fueran los paraguayos (de igual nacionalidad que su presidente y de todos los que la presidieron desde hace 33 años salvo un pequeño interinato).

Parece que a la COMETABOL no le alcanzó para el partido de Boca 5 - Alianza 0, y pese a todos los intentos tampoco en Palmeiras 3 – Junior 1.

Realmente es digno de mencionar un comentario sobre este último partido por el tendencioso arbitraje del "paraguayo" Enrique Cáceres.

Con su historia ya escrita y con final feliz en este grupo y con sus preocupaciones enfocadas principalmente en el Brasileirao, el entrenador de Palmeiras Roger Machado optó por presentar una alineación en la que de los habituales titulares solo estaban Dudú y el colombiano Miguel Borja.

Con el partido 1 a 0 a comienzos del segundo tiempo Junior tuvo una gran chance de empatar, ayudado por un grosero doble error del paraguayo Enrique Cáceres: Teo Gutiérrez arrancó adelantado y se zambulló en el área ante un roce mínimo de Luan. El árbitro sancionó penal, pero Barrera ejecutó muy suave y Fernando Prass (tercer arquero del Palmeiras) se lo detuvo.

Ya con el partido 2 a 0 a favor del equipo paulista **Junior consiguió descontar con otro grotesco fallo del árbitro Cáceres, que no vio dos evidentes posiciones adelantada de Teo Gutierrez, quien recibió de Chará (también adelantado y por un metro aproximadamente) y tocó a la red para reavivar el sueño de los barranquilleros.**

Pero la esperanza duró apenas cuatro minutos, los que tardó Borja en darle forma a su triplete.

Celebró Palmeiras, el equipo de mejor rendimiento en la fase de grupos, **y también festejó Boca, que aprovechó este resultado para escribir su nombre entre los 16 equipos que definirían el certamen.**

Conclusión: A la CometaBol tal como lo deseaba no le alcanzó para eliminar a Boca en esta fase y luego vio un negocio importante, por lo que no interfirió demasiado en el andar de Boca, **hasta que se enfrentó a R.oBo Plate y los 40 ladrones.**

XVII.1.2 Zona R.oBo Plate

River quién terminó primero en el grupo con 12 puntos y ya vamos a ver porque fue seguido por Flamengo, con 10 y ambos clasificaron a los octavos de final, mientras que Independiente Santa Fe tuvo 7 y por ultimo sin chances estuvo Emelec.

- El primer partido de River lo realiza con el Flamengo en Río de Janeiro y fue dirigido por Michael Espinoza quien reemplazó a Víctor Carrillo quién no actuó por problemas de salud. Esto decía GOAL:

"**Víctor Carrillo acusó padecer "problemas de salud"** a último momento que le impidieron viajar a Brasil. Por lo que fue reemplazado por su compatriota **Michael Espinoza**.

Una vez en el centro de la escena **en el marco de un encuentro de River aparecen los problemas arbitrales**".

Pasados los 38 minutos del primer tiempo se produce **un claro penal a favor de Flamengo por mano de Zuculini que el árbitro y el juez de línea deciden ignorar.**

Luego de ello a los 55 minutos empata River con un gol en evidente posición adelantada de Mora y no solo él, ante el centro que originó el gol 2 compañeros también estaban inhabilitados.

Esto decía Ámbito.com

"En Brasil hablan del "robo" de River: Hubo un penal de Zuculini no cobrado y Mora hizo su gol en offside".

- El segundo lo empata en cero en el Monumental con Independiente Santa Fe. El partido disputado el 3 de abril de 2018 fue dirigido por Julio Bascuñan (el que asignaron cuando jugó con Wilsterman).

Este señor ignoró un claro penal a favor de los colombianos cuando Pinola y Maidana tomaban al jugador cafetero Javier López dentro del área. Luego de ello el jugador Pinola que parecía estaba jugando a agarrar a los rivales,

toma dentro del área en otro evidente penal al jugador Perlaza y el juez decide cobrar infracción ¿a favor de Riber?
- El tercero va con Emelec y como parecía que no alcanzaba con 2 empates para la clasificación, sobre los 15 minutos del segundo tiempo pasó lo siguiente: PENAL POR AGARRÓN DE ENZO PÉREZ A MONDAINI QUE EL ÁRBITRO "PARAGUAYO ENRIQUE CÁCERES" (EL MISMO QUE REGALABA PENALES Y GOLES EN POSICIÓN ADELANTADA A JUNIOR) IGNORÓ TOTALMENTE mientras todo el público del elenco ecuatoriano, sus jugadores y técnico reclamaban la falta dentro del área penal.

INFOBAE decía: Polémica en Emelec-River por penal de Enzo Pérez a Mondaini.
- En la revancha con Santa Fe y para clasificarlo a octavos otra vez un árbitro favorecería a River. En este caso el juez Tobar y su juez de línea no se enteraron que el gol de River era en posición de adelanto de Pratto (el único del partido).
- La vuelta con el Flamengo y para definir quien era primero en el grupo terminó 0 a 0 pero el árbitro Andrés Cunha (¿totalmente raro un uruguayo dirigiendo partidos decisivos de River? sobre los 8 minutos del segundo tiempo ignora 2 agarrones en el área penal a jugadores de Flamengo que intentaban recepcionar un centro de la derecha. El de Pratto que es en donde definitivamente fue la pelota es muy claro y a la vista del juez del partido.

CONCLUSIÓN:

Como hemos visto si se IMPARTIERA JUSTICIA DENTRO DEL AMBITO DE LA COMETABOL River no hubiera pasado la clasificación a OCTAVOS.

XVII.2 Octavos de final

Aquí y por ahora me voy a ocupar solamente del elenco riverplatense en los partidos que le tocó disputar con Racing de Avellaneda.

El primer partido se disputó en el estadio Perón del conjunto de Avellaneda.

El árbitro de dicho partido fue el brasileño Anderson Daronco.

En el minuto 42 tal como se ve claramente en una foto que con la pelota en movimiento y ante la atenta mirada del árbitro, hay un **manotazo de Martínez Quarta en el ojo de Licha López** pero se vio que la **mirada "NO ERA TAN ATENTA PORQUE NADA FUE COBRADO"**.

Sobre el final del primer tiempo el **IMPUNE Ponzio comete (vaya a saber usted cuantas) una nueva violenta infracción. El arbitro ante las protestas de los jugadores de Racing decide amonestar al jugador Palacios (¿Cómo?). Aquí sus líneas o el cuarto árbitro ante las protestas de los jugadores de Racing decidio reveer su decisión y al estar previamente amonestado no tuvo más remedio que expulsar al IMPUNE.**

A los 19 minutos del segundo tiempo anulan un gol de Bou por posición adelantada cuando claramente se verifica que no solo estaba habilitado cuando parte la pelota sino que es un jugador de River el que cabecea el centro de Centurión con lo cual estaría habilitado igualmente.

En este partido y después de la expulsión de Ponzio entró a la cancha Bruno Zuculini quién ya habia estado en algunos partidos de la primera ronda. A continuación explicaré su caso.

XVII.3 Caso Zuculini y Sánchez – Certificado de un muerto

Primero se debe hacer mención a lo ocurrido con Bruno Zuculini, quien estaba suspendido por la CONMEBOL y disputó todos los partidos de esta edición con la sanción a cuestas. El mediocampista debía dos fechas de su paso por Racing en 2013, y justamente actuó ante la Academia en los octavos de final de la presente edición.

Tanto Jonathan Requena del Deportes Temuco (ante San Lorenzo de Almagro) como Carlos Sánchez del Santos de Brasil (frente a Independiente) habían estado mal incluídos y el reclamo de los clubes argentinos tuvo efecto, **pero no ocurrió lo mismo con River.**

Ocurre que sólo Ignacio Fernández tenía "1 partido de suspensión pendiente de cumplimiento" **según la carta que había recibido el vicepresidente del club de Nuñez, Jorge Brito, y justamente de una persona que en la actualidad está FALLECIDA (¿qué raro es lo de RiBer y sus certificados?) por lo que queda la polémica sobre si estuvo bien tomada la decisión de sólo sancionar al futbolista y no a la institución con un 0-3.**

Para el caso Sánchez esto decía la Nación:
"**La Conmebol inicia un expediente disciplinario de oficio** contra Santos por la alineación indebida de Sánchez".

La Conmebol **informó que inició un expediente de oficio contra Santos por el "caso Carlos Sánchez".**

Según pudo averiguar LA NACION, el expediente se abrió para que el tribunal investigue la posibilidad de una alineación indebida del uruguayo, que tenía una fecha de suspensión pendiente de cumplimiento.

Sin perjuicio del resultado que arroje la investigación iniciada de oficio, el club de Avellaneda mandará en las próximas horas su propio reclamo, en el que fundamentará las razones por las que Sánchez no debió haber jugado el partido. El reglamento establece que en casos como estos el club perjudicado por la alineación indebida pasará a ganar el encuentro por 3-0.

La pregunta es **¿porque actuó de oficio en el caso Sánchez y no en el de Zuculini? La respuesta es tan clara que se la dejo a usted lector.**

XVII.4 Cuartos de final

Seguimos con el millonario, ahora le tocó con Independiente, otro club de Avellaneda.

Esto es lo que decía el portal FOX Libertadores:

"Flojo arbitraje del brasileño Anderson Daronco que perjudicó al Rojo, al que no le cobraron dos penales y le anularon mal un gol".

Pero esto es lo que realmente pasó (además):

1) Penal a Benítez y expulsión a Pinola

A los 29 minutos del primer tiempo y con el partido estaba 0-0, Javier Pinola despejó la pelota en su área pero dejó y levantó el pie adelante e impactó de lleno con los tapones contra la rodilla de Martín Benítez. Claro penal y expulsión para el defensor de River.

Los encargados del VAR revisaron la jugada varias veces y, contra todos los pronósticos, el árbitro señaló insólitamente que se trató de un choque y NO quiso ver la jugada.

Solo un "delirante o un comprado" puede afirmar que eso es "un choque" después de verlo en la cancha, en fotos y videos.

2) Gol mal anulado a Independiente

Se jugaba el descuento y el Rojo tuvo un corner a favor. Nicolás Figal cabeceó solo en el segundo palo y la pelota

dio en el travesaño, y en el rebote le quedó a Emmanuel Gigliotti, quien la bajó, tiró un taco y Silvio Romero marcó el gol.

Daronco vio que Gigliotti bajó la pelota con la mano y paró la jugada, cuando en realidad le había dado en la pierna, muy cerca de su brazo.

3) Penal de Armani a Meza y expulsión

En una de las últimas jugadas del partido, un pelotazo cruzado y largo cayó en el área de Franco Armani, quien salió a buscar el balón con tal vehemencia que se llevó puesto de manera durísima a Maxi Meza en otro claro penal y expulsión.

Para el árbitro fue una simple jugada de fricción y todo siguió. ¿Pero no fue demasiada violenta la salida del uno? El hombre del Rojo terminó el partido en el piso y fue llevado a una clínica para hacerse estudios, con un "traumatismo de tórax".

Creo que no hay ninguna duda hasta aquí que River no debió pasar a los octavos, a los cuartos y mucho menos a la semifinal; ahora si usted cree que aquí terminó las ayudas a RiBer está muy lejos de la verdad.

XVII.5 Reunión en Paraguay

La firma de un compromiso de **Fair Play** entre los cuatro clubes semifinalistas de la CONMEBOL Libertadores 2018 fue el broche final de la reunión que tuvo lugar en la sede de la **CONMEBOL** bajo la presidencia de su titular, Alejandro Domínguez.

En dicho documento, River Plate, Gremio, Palmeiras y Boca Juniors se comprometieron a: 1- Competir en forma limpia (no se cumplió) 2- Cumplir con las Reglas de Juego (no se cumplió 3- Respetar al contrario, compañeros de equipo, árbitros, jueces de líneas, oficiales y espectadores (no se cumplió) y 4- Rechazar la corrupción, las drogas, el racismo, la violencia, el juego y otros peligros de este deporte (no se cumplió en absoluto).

Asimismo, los presidentes instan a sus aficionados a asumir el mismo compromiso "a fin de que la CONMEBOL Libertadores se desarrolle en un marco de deportividad, respeto y juego limpio (no se cumplió, sino observen el ataque salvaje al micro de Boca).

Tomaron parte de la misma los presidentes Romildo Bolzan (Gremio), Daniel Angelici (Boca Juniors), Rodolfo D'Onofrio (River Plate) y Mauricio Galiotte (Palmeiras).

Con lo que pasó posteriormente me pregunto: ¿Riber y Alejandro Domínguez firmaron este compromiso?

XVII.6 El caso M.arcelo G.allardo y la COMETABOL

Antecedentes del D.T. de River que actúa de la siguiente manera:

Desde que a mediados de 2014 asumió como técnico de **River**, **Marcelo Gallardo se quedó afuera de tres partidos de la Copa Libertadores por haber sido suspendido por la Conmebol**. Decía un periódico: "Lo mismo ocurrirá frente a **Racing**: el *Muñeco* no podrá ingresar al campo de juego por un extraño castigo que le aplicó el máximo organismo del fútbol sudamericano y el equipo será dirigido por Matías Biscay, su principal ayudante de campo. Los antecedentes indican que **Gallardo buscará pasar desapercibido desde algún rincón del Monumental** y que desde allí se comunicará con Biscay y con Hernán Buján, su otro ayudante de campo, para darles a ellos las indicaciones que considere pertinentes.

Al igual que en las ocasiones anteriores en que fue suspendido, **Gallardo no podrá ni bajar al vestuario ni utilizar ningún tipo de intercomunicador** para hablar con sus ayudantes, más allá de que las otras veces **se las ingenió para burlar las normas** y que sus indicaciones de algún modo les llegaran a sus dirigidos".

La segunda: "Sinvergüenza, sos un sinvergüenza", le gritó Gallardo, molesto con algunos fallos, al árbitro paraguayo Julio Quintana en el túnel que conduce a los vestuarios del estadio de Chiclayo tras el empate 1 a 1 entre Juan Aurich y River, en Perú, el 12 de marzo de **2015**. Por esa reacción, la Conmebol lo sancionó con dos fechas de suspensión y le aplicó a River una multa de 2.000 dólares.

Así, Gallardo no pudo dirigir al equipo ni en el empate 1 a 1 ante el mismo conjunto peruano, una semana después en el Monumental, ni en el 2 a 2 frente a Tigres, el 8 de abril en Monterrey, también por la fase de grupos de la Copa Libertadores que su equipo obtuvo luego de 19 años de espera.

En la cancha de River, Gallardo siguió la igualdad ante Juan Aurich desde uno de los palcos de la platea San Martín y se comunicó con un handy con sus colaboradores. **La Conmebol puso un sabueso en la puerta del vestuario para que no pudiera ingresar.** "Ni pude bajar al vestuario. Parecía un condenado. Me llamó la atención, controlaron si me podía comunicar. Pasan cosas graves en los estadios como para preocuparse por si un técnico baja al vestuario para estar con sus jugadores. No lo vi hasta ahora que haya ese ojo tan preciso para perseguir a ver si un técnico iba al vestuario", se quejó el entrenador luego de aquel partido.

Siete días más tarde, Gallardo siguió el agónico 2 a 2 que su equipo consiguió ante Tigres, en Monterrey, desde un pequeño palco a metros del sector donde se ubica la prensa en el estadio Universitario de la Universidad Autónoma de Nuevo León. Ante Tigres, pero **en la final jugada en el Monumen-**

tal, **Gallardo tampoco pudo acompañar a sus dirigidos desde el banco de suplentes**: fue expulsado por el paraguayo Antonio Arias en el choque de ida por protestar algunos fallos. Entonces **pidió que tapiaran el acceso al vestuario desde el campo de juego con unos blindex que permiten observar desde adentro hacia afuera pero no viceversa**, según puede leerse en el libro *Gallardo Monumental*. De ese modo, ni las cámaras de televisión ni los veedores de la Conmebol podrían ver desde el campo lo que ocurría dentro del vestuario. **También armaron un minipalco, con un plasma y una silla de umpire de tenis para que él siguiera el partido, en el hueco existente entre la tribuna Sívori y la platea San Martín, a 30 metros del vestuario.** Y camuflaron el sector con un par de banderas para que Gallardo pudiera ver el partido a través de una hendija larga y angosta.

Para que lograra llegar hasta allí, estudiaron distintas posibilidades. **Una fue disfrazarlo de empleado de limpieza, con un mameluco, un balde y un escobillón. También analizaron la chance de hacerlo entrar metido en el baúl de la utilería.** Pero la solución llegó de un modo mucho más sencillo: tras consultar a uno de los empleados de seguridad si había algún enviado de la Conmebol en la puerta del vestuario y al recibir un "no" como respuesta, **bajó rápidamente desde la concentración del Monumental con un buzo con la capucha puesta y se metió en el camarín**. Allí **dio la tercera parte de la charla técnica**, la más emotiva de todas porque pronunció la última arenga.

Después salió por uno de los paneles de blindex del vestuario, caminó 30 metros hacia su izquierda, justo cuando el equipo salía a la cancha y el recibimiento de la gente y los fuegos artificiales se robaban toda la atención.

Utilizó un handy para comunicarse con Buján, quien guardó el suyo en un bolsillo interno del saco. En el entretiempo volvió a ingresar al vestuario para hablarles a los jugadores e intercambiar conceptos con Biscay y Buján, quien **fue apercibido por un veedor de la Conmebol cuando faltaban diez minutos para el final**: "La próxima vez que te vea usándolo, te mando a la tribuna".

Esto decía un portal:

"Gallardo fue filmado violando la sanción de la Conmebol"

El "Muñeco" había sido suspendido por dos fechas y no podía entrar a los vestuarios ni comunicarse con nadie. Sin embargo, se lo pudo ver al entrenador con un Handy (algo penado por el reglamento de la CONMEBOL, gesticulando y muy enojado.

Repito esto decía un portal…….. "**el 9 de abril de 2015**", por lo que se ve M.G. y River son IMPUNES para la COMETABOL.

Ahora sí vamos a lo que pasó en el estadio del Gremio en el 2018, esto decía un portal:

"**Gremio explotó contra Marcelo Gallardo por el uso del handy y una visita al vestuario en el entretiempo**"

M.arcelo G.allardo entró al vestuario del Arena de Gremio en el entretiempo del encuentro entre River y Gremio por la revancha de las semifinales de la **Copa Libertadores**.

La Conmebol había sancionado con un partido al "Muñeco", quien tenía prohibido entrar al vestuario y siguió el encuentro desde uno de los palcos. Además, **el DT utilizó un handy para comunicarse con su ayudante** de campo, Matías Biscay. **La historia se repite para el IMPUNE M.G. y River.**

"**Marcelo Gallardo salió del vestuario y fue fotografiado por el empleado de la CONMEBOL después de la suspensión incumplida**", escribió el periodista Jeremias Wernek en *Twitter*, junto al video que muestra cómo fue increpado por gente del Gremio.

Inclusive se ve como increpa al representante de la COMETABOL que luego de finalizado el partido declaró que esto era "una afrenta muy grave sobre la CONMEBOL" (¿Domínguez ni se enteró o para el se trató de una simple Broma?).

"TRAMPOSO" y "VERGUENZA" se alcanzó a oír de parte de las personas que advirtieron el camino de **M.arcelo G.allardo a la salida del vestuario del** *estadio Arena do Gremio*.

Los brasileños hicieron una presentación en la COMETABOL solicitando la pérdida por parte de RiBer del partido, pero LAMENTABLEMENTE PARA ELLOS LOS QUE ESTABAN ENFRENTE ERAN RIBER Y DOMINGUEZ.

La dirigencia de Gremio reclamó ante la casa del fútbol sudamericano y se apoyan en que Gallardo incumplió con lo escrito y se apoya en los artículos 176 del reglamento general de la competición y los artículos 19, 56 y 76 del reglamento disciplinario.

Uno de esos artículos, el 19°, precisamente, en su inciso 3, afirma que "en el caso de **alineación indebida de un jugador** se aplicará lo dispuesto en los apartados 1 y 2 del presente artículo únicamente si el equipo contrario interpone una reclamación oficial en el plazo de veinticuatro (24) horas una vez finalizado el encuentro, salvo que aquella se haya producido porque el jugador en cuestión ha incumplido una sanción reglamentaria, decisión u orden de los órganos judiciales. En estos casos, **la Unidad Disciplinaria iniciará el procedimiento de oficio**" (¿pero qué pasó con el caso Zucolini?). **El apartado 1 prevé que el equipo que incumpla ese apartado perderá el partido por 3-0.** Claro que ese artículo se refiere sólo a futbolistas pero no menciona la situación de los entrenadores.

El artículo 56°, en tanto, le abría otra puerta al conjunto brasileño. El inciso C de ese apartado menciona como motivo para reclamar **el resultado de un partido** "cualquier incidente grave (...) que haya tenido incidencia en el resultado del partido". ¿Fue Gallardo responsable del 2-1 final? Eso debió determinarlo la Conmebol. La respuesta de Matias Biscay una vez terminado el partido es clara "M.arcelo los convenció plenamente de que el partido de hoy se iba a ganar, que no se nos podía escapar".

Después de estas declaraciones de G.allardo una vez terminado el partido......

"ASUMO QUE INCUMPLÍ UNA REGLA AL BAJAR EN EL ENTRETIEMPO PERO CREÍ QUE LO NECESITABAN Y NO ME ARREPIENTO DE NADA".

...........me pregunto nuevamente, ¿RiBer, M.arcelo G.allardo y Alejandro Domínguez firmaron el compromiso que decía: 1- Competir en forma limpia, 2- Cumplir con las Reglas de Juego, 3- Respetar al contrario, compañeros de equipo, árbitros, jueces de líneas, oficiales y espectadores, y 4- ¿Rechazar la corrupción?

Por supuesto la COMETABOL luego de largas deliberaciones falló a favor de R.iver Plate, pero ANTES de ello (el FALLO) ya la COMETABOL había anunciado quien sería el árbitro del partido final entre Boca y ...... River (sí, sí).

XVII.7 Las semifinales

XVII.7.1 River – Gremio

El primer partido en el monumental con el triunfo visitante por 1 a 0, esto decía una de las principales figuras históricas de River:

El Beto Alonso quedó insatisfecho con la imagen que dejó el equipo de Gallardo contra Gremio y tiró: **"Si no hay fútbol hay que poner algo más".**

El Beto Alonso es de esos ex jugadores que no le escapa a la polémica y, tras la derrota de River con Gremio, no fue la excepción. En un diálogo con La Oral Deportiva analizó apuntó con dureza: **"A Pity en el segundo tiempo no lo vi, no apareció"**.

"No vi al River con la garra necesaria". "No vi al River que se lleva por delante al rival, si no hay fútbol hay que poner 'algo' más", concluyó.

Este comentario es para demostrar el ¿apoyo incondicional a River de sus figuras emblemáticas?

XVII.7.2 Gremio versus RiBer, la CometaBol y árbitro uruguayo

La semifinal de Copa Libertadores entre **Gremio y River** provocó un sinfín de reacciones en Brasil tras el polémico final de partido que metió a los argentinos en la gran final.

"Rabia, humillación o falta de respeto". El entrenador de Gremio explotó en rueda de prensa después de que **el VAR entrase para otorgar un penalti a los argentinos para el 1-2 y no hiciese lo mismo para anular el 1-1 al demostrar que el jugador de River tocó el balón con la mano**. "Me da mucha rabia quedar eliminado así. Conmebol dice que gasta millones de dólares con el VAR, ¿para esto? El Gremio fue robado", dijo Renato.

Y es que la rabia del equipo brasileño fue incontenible al finalizar el partido. Los jugadores de Gremio se encararon con el árbitro tras lo acontecido en el campo reclamando la doble vara de medir al hacer funcionar al VAR. **"P... da vida"** El técnico de Gremio siguió con su discurso anti VAR: "p* da vida", llegó a deci**r. "Con ese montón de cámaras ¿cómo no puede ver que mete el gol con el brazo? ¿Será que Stevie Wonder no veía? ¿Podrá dormir bien esta noche?"**, sentenció Renato (**sí Renato, durmieron muy Bien sobretodo con el dinero que recaudaron de sus participaciones por estar en el RIVAR).

Por otra parte, el entrenador de River M.arcelo G.allardo, sancionado en este partido, decidió saltarse la misma y aparecer en el descanso del partido para arengar a sus jugadores.

El vicepresidente de Gremio afirmó: "El entrenador es considerado un jugador, si se pone un jugador suspendido en la cancha, se pierde el partido. También contamos con antecedentes en los que la Conmebol ha revertido los puntos. Se violó el reglamento".

La protesta de Gremio se basa en el artículo 56, inciso 1, que impone la Conmebol: "Cualquier incidente grave, establecido en el presente reglamento, que haya tenido incidencia en el resultado". De esta forma, el club gaúcho intentó torcer la historia a contrarreloj, **pero repito enfrente estaBan la CometaBol, RiBer, Dominguez, Dono frio, M.G. y Brito entre otros.**

XVII.7.3 Boca versus CometaBol

En el partido de ida de semifinales entre Boca y Palmeiras dirigido por Aquino se produjo una jugada que derivó en la rotura de la mandíbula del arquero de Boca Esteban Andrada.

La jugada desafortunada ocurrió cuando se jugaban 25 minutos del segundo tiempo. Dedé fue a la caza de un centro por izquierda enviado por Egidio y **su cabeza terminó impactando sobre la boca del 1,** quien había salido hasta el borde del área chica para rechazar la pelota.

Aquino y yo entendimos después de verlo en el VAR y en varias repeticiones que el defensor busca el balón con fuerza excesiva, desentendiéndose del físico del adversario.

Asimismo claramente se puede ver en las imágenes del partido que la pelota ya había sido rechazada por el arquero xeneize cuando la cabeza del defensor impacta en su rostro. Si bien primero me quedaba la duda de la intención del jugador brasileño se disipó totalmente cuando vimos como actuó el mismo en el partido revancha (fue expulsado nuevamente y casi "rompe también" a Rossi el otro arquero de Boca).

Ante la protesta del conjunto paulino la CometaBol dijo lo siguiente:

"La Conmebol decidió anular los efectos jurídicos de la expulsión del jugador Anderson Vital da Silva, en el partido disputado en fecha 19 de septiembre de 2018, entre los equipos de Boca Juniors y Cruzeiro, en consecuencia, el jugador se encuentra habilitado para disputar el siguiente partido (contra Boca) de la CONMEBOL Libertadores 2018".

XVII.8 LA FINAL

XVII.8.1 LOS ÁRBITROS

En la reunión previa, y por el pacto de caballeros **(de lo visto en una imagen anterior supongo que ese calificativo debe corresponder "solo" a los presidentes de Gremio y Palmeiras)** firmado en Paraguay **estaba muy claro quienes iban a ser los árbitros en caso que hubiera una final entre argentinos y/o brasileros.**

Así se había dispuesto que si las finales la disputaban equipos brasileños iban a ser árbitros argentinos los encargados de dirigirlas, **pero en caso de ser entre equipos argentinos, las finales serían dirigidas por ÁRBITROS BRASILEÑOS.**

Como es costumbre en esta copa **NADA de esto fue respetado y quizás a pedido de River las finales fueran dirigidas por un árbitro chileno y otro URUGUAYO.**

Pero, ¿por qué sería una ventaja para el conjunto riverplatense contar con un árbitro uruguayo en la finalísima? Los antecedentes son muy claros: **River jamás perdió un partido en instancias de final cuando fue dirigido por un colegiado charrúa. Es más, no solo nunca salió derrotado, sino que ganó todos los encuentros.**

La primera final del conjunto de Núñez dirigida por un uruguayo fue en 1966. El Millonario jugó tres partidos para definir aquella copa. El primero, disputado en el Estadio Centenario de Montevideo, fue 2-0 para Peñarol. **La vuelta fue en el Monumental, donde los dirigidos por Renato Cesarini hicieron valer la localía y se impusieron 3-2** con un doblete de Onega. ¿Quién dirigió aquel encuentro? El uruguayo José María Codesal.

El **desempate fue 4-2 para en favor del conjunto aurinegro (...gallinas...).**

La siguiente final llegó diez años después y significó una nueva frustración para River. Cruzeiro fue el encargado de brindarle el segundo gran golpe a nivel continental al equipo de Angel Labruna. Al igual que en la final anterior, fueron tres partidos: **los brasileños ganaron 4-1 la ida, aunque en la vuelta se impuso el equipo Millonario (2-1 en el Monumental) bajo el arbitraje de otro uruguayo: José Luis Martínez Bazán.**

Finalmente **el desempate se dio en Santiago de Chile y fue 3-2 en favor del combinado de Belo Horizonte.**

A partir de 1986, y tras dos finales perdidas, **comenzaría la racha ganadora de River en las definiciones coperas.** La final fue ante el conjunto colombiano América de Cali. **La Banda ganó 2-1 la ida con goles de Funes y el Beto Alonso.**

Y adivinen de qué nacionalidad era el árbitro Juan Daniel Cardellino: uruguayo.

En 1996, con la conducción del DT Ramón Díaz, el Millonario consiguió su segunda Libertadores. Aquella definición de la copa fue un calco de la anterior. River y América de Cali, la ida en Colombia, la vuelta en Argentina. Los colombianos consiguieron un 1-0 que los ilusionaba para la vuelta. **Sin embargo, en la vuelta River consiguió revertir el resultado con un doblete de Hernán Crespo. Y se preguntarán ¿quién fue el árbitro? Julio Matto ¿Nacionalidad? Uruguayo.**

Aquí y AGORA diría un brasileño:
Aquí comienzan las coincidencias de la época del ENZO y Paco Casal, y las que YA COMENTE EN ESTE ESCRITO, en la "sudamericana 2015" donde la final fue dirigida por el uruguayo Darío Ubriaco, acompañado en las líneas por sus compatriotas Miguel Nievas y Mauricio Espinosa.

El último antecedente de River en una final copera **era en el 2015 la final con Tigres de México. No es por ser repetitivo, pero el árbitro en aquel partido de vuelta en el Monumental fue TAMBIÉN Darío Ubríaco quien fue asistido por sus compatriotas Mauricio Espinosa y Nicolás Tarán, también uruguayos.**

Con un detalle extra, a modo de bonus track: el cuarto árbitro aquella noche de festejo riverplatense, **Andrés Cunha, fue quien arbitró la definición ante Boca.** Lo asistieron los mismos uruguayos que estuvieron en la final de copa 2015: **Mauricio Espinosa y Nicolás Tarán.**

Esto titulaba Diario Popular: **"Polémica elección: El árbitro de Gremio-River dirigirá la final de la Libertadores".**

Esto decía el diario chileno EMOL: **River Plate envuelto en supuesto soborno a árbitro uruguayo.** El empresario Jorge Chijani admitió que recibió en Buenos Aires **20 mil** dólares destinados al árbitro de fútbol uruguayo Gustavo Méndez, como pago de un supuesto soborno para favorecer a River Plate de Argentina en un partido internacional, afirma el diario La República de Montevideo. Según el medio, la "inédita confesión" de Chijani, a quien identifica como **"secretario personal y hombre de la más estrecha confianza durante 14 años"** del empresario y representante de jugadores **Francisco Casal**, la hizo durante una charla con la esposa de su ex socio Sergio Hermida. El diario destaca que Chajani "estaba en conocimiento de pactos antideportivos que tenían como protagonista **al ex árbitro internacional uruguayo, por lo general en los partidos que dirigía a River Plate de la República Argentina"**. Añade que los directivos de River siempre reclamaban al colegiado uruguayo para sus partidos en los torneos organizados por la Confederación Sudamericana de Fútbol (CSF). El diario recuerda que el vicepresidente del Sao Paulo, de Brasil, Juvenal Juvencio en su momento, envió una carta de protesta al presidente de la CSF, por la actuación de Méndez, en el partido que su equipo venció de local 2-0 a River Plate, por la Copa Libertadores de América. **A pesar de la victoria, el dirigente paulista reclamó a la CSF NO le designara más al árbitro uruguayo para sus partidos internacionales por su "tendenciosa actuación" dentro de la cancha.**

XVII.8.2 Boca 2 – River 2

Finalmente se jugó la primera final con la dirección de Tobar árbitro chileno designado por la Conmebol.

1. Al minuto de juego después de un centro al área de River y el posterior despeje de cabeza, **la pelota pega en el brazo del jugador Palacios sin que el juez de línea de ese sector y el juez se enteraran de la infracción, el RIVAR bien gracias.**

2. A los 61 minutos, el Pity Martínez conectó un centro largo y frontal para el visitante. Izquierdoz intentaba marcar a Pratto, que ya había puesto el 1 a 1 a mediados del primer tiempo, antes de que Benedetto marcara el siguiente gol de Boca.

En el enfrentamiento, el "Oso" empujó al defensor central del club de la ribera, que terminó rozando la pelota a centímetros del lugar; el arquero Rossi, no pudo hacer nada y River puso el 2 a 2 definitivo.

El árbitro y el juez de línea del mismo sector ya comentado anteriormente cobraron: "NADA".

Posteriormente hubo una jugada en el área de River que se reclamó **penal por infracción al jugador Villa** pero como no tengo la debida información y si bien me acuerdo de la jugada y me pareció penal no cobrado me gustaría verla de vuelta para dar una opinión definitiva.

XVII.8.3 El ataque al micro

La revancha que se iba a disputar en el monumental tuvo que ser suspendida por el ATAQUE VIOLENTO Y COBARDE al micro que transportaba a jugadores, dirigentes, médicos y cuerpo técnico de Boca Juniors.

A continuación vamos a realizar un detalle de lo sucedido:

La emboscada al micro del equipo visitante comenzó por la calle Lidoro Quintero (**a SOLO 5 CUADRAS DEL ESTA-**

DIO y no a 10 como dice M.entira G.allardo), piedras y hasta adoquines, botellas de cerveza y gas pimienta, son el armamento que un grupo de barras (o como los quieran llamar) les arrojó a los futbolistas de Boca.

La agresión fue muy grave y pudo terminar en una gran desgracia, ya que cuando la ventana del chofer de Boca fue destruida, como casi todas las restantes, este perdió el conocimiento brevemente y un vicepresidente de Boca alcanzó a tomar control del micro. Si no hubiera podido hacerlo, estaríamos lamentando una cantidad importante de muertos. A muchos HIPOCRITAS con tal de sacar ventajas deportivas nos les interesó en lo más mínimo la probabilidad cierta de muertos. Supongo que tampoco les interesó que de la CometaBol "sugirieran" el avión donde murieron los jugadores del Chapecoense.

Preguntas que todo nos hacemos ¿Por qué el vehículo ingresó, donde estaba un grupo nutrido de hinchas? Esto tiene una respuesta y es porque **siempre lo hizo por esa calle**. **¿Sólo hubo negligencia o zona liberada? Es solo una opinión mi respuesta, para mi es zona liberada, algunos sostienen que la policía de choque se retiró por un error pero allí siempre hubo vallas de contención y ese día no las hubo. Asimismo a los pocos días se realizó el G20 y nada acontenció. ¿Fue una revancha de Los Borrachos del Tablón por los allanamientos del viernes anterior, cuando desactivaron sus operaciones de reventa?** En River sospechaban de Caverna Godoy, uno de los líderes de la barra brava y a esta teoría apuntan en las líneas de investigación. D'Onofrio aseguró: "Son 15 vándalos los que armaron esto. **¿No los conocen?** Saquémoslos del fútbol". **Hubo apenas 16 detenidos por atentado y resistencia a la autoridad y 40 demorados por incitación a la violencia. Uno solo identificado por la agresión e identificado como socio de River. NINGUN DETENIDO HOY SEÑOR SANTILLI.**

Pérez y Lamardo jugadores de Boca fueron trasladados a una clínica (con agresión incluida nuevamente) y con parches en los ojos cuando debían estar disputando la pelota en el mediocampo; Infantino, mandamás de FIFA, pidiendo razones **"valederas"** para suspender el encuentro, como si todo el bochorno no hubiera sido suficiente. Se vieron imágenes y videos de hinchas asustados, atrapados en el estadio, víctimas de robos en las adyacencias.

Intimaron a Boca para que se juegue, el propio Infantino lo quería disputar sí o sí. **"El fútbol no para. Si no quieren jugar, pierden los puntos"**, afirmó el titular de la multinacional del fútbol. Y dos veces postergó el *kick-off*. De las 17 a las 18, de las 18 a las 19.15. Cada vez que se anunció el nuevo horario por la voz del estadio, celebraron los hinchas que coparon Núñez, los que soñaban con formar parte de una fiesta y terminaron siendo testigos del bochorno que comenzó con el ataque al bus de Boca a metros de la cancha.

Las imágenes del ingreso de los jugadores visitantes al vestuario, tapiado con maderas para que los hinchas de River no pudieran observar sus movimientos, dieron vergüenza ajena. Los videos que se viralizaron un rato después, también. **Ahí podía verse al colombiano Sebastián Villa en una camilla. Al uruguayo Nahitan Nandez tomándose los ojos. A Pérez herido. Y a varios de sus compañeros, tosiendo.**

"No estamos en condiciones de jugar", repitieron el secretario Christian Gribaudo y el vicepresidente, Darío Richarte. Angelici estaba desencajado. Mantuvo una reunión con D'Onofrio y Alejandro Domínguez, titular de la Conmebol. **Hubo tensión y palabras fuertes entre los dirigentes**. El anillo interno estaba caldeado. Se respiraba tensión. Iban y venían, rodeados de guardaespaldas, los dirigentes de River y Boca y los funcionarios de la Conmebol.

La Conmebol no estaba dispuesta a suspender su gran final. La pelota tenía que rodar. Y los médicos emitieron un informe que admitía *"lesiones superficiales en la piel"* de los jugadores y ante la referencia de dos futbolistas sobre lesiones en la córnea, aseguraron que no se pudo confirmar y **no veían "razones médicas" para suspender el partido**. Esos mismos médicos recibieron una denuncia del **Sindicato de Árbitros de la República Argentina**.

La acción judicial fue presentada por **Guillermo Marconi**, titular del SADRA, y busca solicitar a la Justicia argentina que citen a **Tevez, Óscar Ruggeri** y **Alfredo Cascini por "sospecha de doping"**.

La denuncia es contra los médicos de la Conmebol: **Osvaldo Pangrazio, Francisco Mateu, Jorge Pagura** y **José Veloso**. De acuerdo a la acusación, los cuatro **"habrían presionado a los jugadores de Boca Juniors para que utilicen un medicamento prohibido y salieran a jugar"** el duelo del 24 de noviembre, luego del ataque que sufrió el plantel 'Xeneize' en su llegada al estadio de River.

Ruggeri (ex jugador y capitán de la selección Argentina) contó lo que le dijo Carlos Tevez sobre los médicos de la Conmebol. **"Entraron al vestuario y nos dijeron que 'tomen cortisona'** (medicamento prohibido), porque el partido se jugaba".

La declaración de Ruggeri prosigue con "Tevez les dijo que iba a saltar el control antidoping y le respondieron: **'Quédense tranquilos que no pasará nada con el doping'. Entró el médico con varias jeringas y nos dijo: 'Pónganse esto. Así están bien para las 18. A esa hora arranca el partido. ¿Qué pasó con todo esto?**, estamos en Sudamérica queridos amigos, es la única respuesta que puedo darles.

Domínguez estaba preocupado y quería que se jugara. Por el costo político; por el compromiso televisivo; por 70 mil hinchas que ya estaban adentro del estadio **(entre ellos sus familiares hinchas de River)**; por la determinación de Infantino, que no viajó hasta Buenos Aires en vano y que decía "**el futbol no se para, sino quieren jugar que pierdan los puntos**".

El árbitro Andrés Cunha salió a realizar **el calentamiento con la música de** *Rocky*, casi en simultáneo con las piñas que había en avenida del Libertador y con 2 jugadores en in sanatorio.

Algunos portales de internet referenciaban la situación vivida:

Carlos Tevez y Fernando Gago, los referentes, dieron la cara. *"Nos estaban obligando a jugar. Lo que hace la Conmebol es una vergüenza. ¿Por qué no le dan la Copa a River y listo?"*, **dijo el delantero. Darío Benedetto se expresó en el mismo tono**

D'Onofrio y Angelici volvieron a juntarse, ya más calmos. "Asegúrate con el ministro de Justicia de la Ciudad, con el que tenés una estrecha relación, que no haya ningún incidente", le dijo el presidente de River al de Boca. **Martín Ocampo –hincha y socio millonario-** es padrino del hijo del titular xeneize. **"Firmaron un pacto de ¿caballeros? (como según ellos habían arrojado UNA piedra al otro día se iba a jugar). Quiero felicitar a los presidentes porque en estas condiciones se desnaturalizaba el juego"**, apuntó Domínguez, muy golpeado (la firma de ese pacto ya fue comentada anteriormente).

Otros sostenían **la incidencia de la barra de River en los ataques:**

"Se está investigando la relación de estos incidentes con la barra, para nosotros tiene una relación directa", informó D'Alesandro (¿y que pasó después?).

La conclusión más rápida es generalizar y **cargar contra la afición de River Plate** por el ataque al autobús de los jugadores de Boca Juniors cuando ingresaban al Monumental, pero a poco que se rasque se puede deducir que **todo proviene del negocio de las barras bravas del fút-**

bol argentino. **El presidente de River parecía tenerlo claro** mientras **la Conmebol tensaba la cuerda** para que el partido se disputase. "La verdad es que es lamentable. Es increíble que la custodia que debía tener Boca no se dio como debía. Por cinco o diez **(te quedaste un "poquito corto", solo los que provocaron la estampida en el vestuario eran más)** inadaptados nos privamos el mundo de ver un River-Boca", expresó D'Onofrio.

La realidad es que **el operativo falló.** Así lo reconoce **el secretario de Seguridad, Marcelo D'Alessandro,** pero todo parecía orquestado, al parecer, por la barra brava 'Los Borrachos del Tablón' y la pasividad de la policía. En los vídeos se ve claramente cómo numerosos hinchas de River esperaban al autobús de Boca en la calle Monroe, que no estaba acordonada por las autoridades. Fue ahí donde se comenzó a lanzar los proyectiles hacia el micro xeneize.

Pero el club Millonario todavía no ha explicado cómo Godoy se hizo con 300 entradas intransferibles para la final.

A efectos de cumplir con el cronograma de la final, el partido empezará a las 19:15 horas luego reiteraría la CometaBol.

Luego de todo ello se pasó y visto el desatre que se había causado por SIMPATIZANTES DE RIVER (que quede claro, esto fue realizado por SIMPATIZANTES DE RIVER) el partido fue suspendido para el domingo (un día después de todo esto).

La CometaBol con el consentimiento de los presidentes de RiBer y Boca decidió jugarlo en cancha de River y con público.

Estos H…. de …. iban a jugar un partido con jugadores dopados (se les aplicaron sustancias prohibidas para detener y/o mitigar las consecuencias de la agresión), enfermos, psicológicamente no preparados, que a la hora programada deberían ir a un sanatorio a controlarse, TODO SEA POR EL NEGOCIO. Seguramente los médicos corruptos de la COMETABOL IBAN A TAPAR EL DOPING.

El presidente del Club Atletico Boca Juniors ante la presión de sus jugadores, cuerpo técnico, otros dirigentes y simpatizantes tuvo que ceder de otras presiones (COMETABOL, FIFA, AFA y el mismísimo entorno del presidente de la ……) y además de pedir un castigo para River y la no presentación de "su equipo" (pareciera que es de Angelici y NO de todos los socios y simpatizantes del club de la ribera) en ese domingo.

Con todo ello el partido tuvo que ser suspendido nuevamente.

Decian portales de internet: "Al borde de la tragedia: el chofer de Boca se descompuso tras el ataque y el vicepresidente tuvo que hacerse cargo del volante. Esto pudo provocar una tragedia mayor con los simpatizantes que se dirigían caminando al estadio y/o con los integrantes de la delegación boquense si quedaban atrapados en el micro luego de atropellar a dicha gente".

Reitero esto porque es gravísimo: "la carta de los médicos de la CONMEBOL: desde su punto de vista, NO había motivos para suspender la finalísima. Reitero que según Chilavert que Donato Villani, vicepresidente médico de la Conmebol, "Es socio de Pedro Hansing, médico de River, en una clínica en Buenos Aires"

"Tras ser atendido, Pablo Pérez y Gonzalo Lamardo, los más afectados por el ataque, regresaron al Monumental tras ser atendidos en el hospital. La ambulancia fue agredida también por piedrazos".

"Carlos Tevez, durísimo con la FIFA, CONMEBOL y los jugadores de River.

El gran referente de Boca rompió el silencio en el Monumental tras el escandaloso momento vivido en el micro y les dejó este terrible mensaje a los jugadores de River".

Rastros del desastre en algunos periódicos donde se podía ver claramente a los hinchas de River cuando se retiran Monumental, esquivando los cascotes y otros objetos contundentes que quedaron en la calle tras los enfrentamientos entre fanáticos y policías.

Por los incidentes solamente fue detenido Matías Firpo **(socio del CLUB ATLETICO RIVER PLATE)** y condenado a dos años y cuatro meses de prisión.

"**No es la primera vez que el club y la barra brava evitan el conflicto.** En marzo 2018, el líder de Los Borrachos del Tablón ya fue detenido por algo parecido. **En aquella ocasión le detuvieron con 200 carnets, cuchillos y gas pimienta**, pero todo quedó archivado **porque RIVER NO QUISO SABER NADA DEL CASO**".

Para la Justicia hay pruebas y elementos suficientes para sostener que desde River Plate se financió y se facilitó el accionar de la barra brava, el grupo violento conocido como *Los Borrachos del Tablón*. "**Hay elementos y pruebas para sostener que River le dio un trato privilegiado a Los Borrachos del Tablón. Desde el club se financió y se facilitó el accionar de la barra brava**", le afirmó el fiscal Brotto a **LA NACION**.

Con todo esto y después de convocar la Conmebol y el C.A.R.P. al simpatizante de River a su concurrencia el día Domingo e inclusive permitieron su entrada a la cancha, tal vez soportando los mismos problemas que acontecieran el sábado (robos, agresiones, costos de estacionamiento y/o transporte al estadio, pérdida de tiempo, represión, demora en la entrada, etc.) el partido fue suspendido cuando a la mañana de ese día era claro que no se iba a realizar.

Conclusión de este apartado: LOS SIMPATIZANTES DE RIVER AGREDIERON A LA DELEGACIÓN DE BOCA JUNIORS Y PROVOCARON HERIDAS Y OTROS EN LOS MISMOS QUE PUDIERON PROVOCAR UNA TRAGEDIA E IMPIDIERON QUE EL PARTIDO SE DISPUTE. ES MUY CLARO Y MUY GRAVE, PERO NO HAY DUDA QUE FUERON "SIMPATIZANTES DE RIVER" LOS AGRESORES Y "NO IMPORTA NI DONDE NI CUANDO". ASIMISMO SE VE CLARAMENTE AL PRESIDENTE DE RIVER HUYENDO ANTE UNA ESTAMPIDA DE SIMPATIZANTES DE RIVER DENTRO DEL MONUMENTAL. LOS HINCHAS DE RIVER ESCUPIERON E INSULTARON DENTRO DEL MONUMENTAL AL PRESIDENTE DE FIFA. EL ENCARGADO DE LA SEGURIDAD FUERA DEL ESTADIO ES SOCIO DE RIVER. LOS DESASTRES Y EL ROBO EN LA MISMISIMA PUERTA DEL MONUMENTAL A SIMPATIZANTES DE RIVER CON ENTRADAS y LOS DESTROZOS EN LAS INMEDIACIONES FUE REALIZADO POR OTROS SIMPATIZANTES DE RIVER. ¿A QUIEN QUIEREN ENGAÑAR?

XVII.8.4 Presentación de Boca y el fallo

XVII.8.4.1 Presentación de Boca

Boca Juniors hizo una presentación una primera cuando les entregó a los dirigentes de la Conmebol un documento con 40 hojas en la que pedían expresamente **la descalificación de River de la Copa y que el campeón sea el club xeneize.** Luego en una reunión en la sede de la entidad sudamericana, Daniel Angelici presentó una ampliación con 46 folios más, aportando nuevas pruebas. **Los documentos constaban además de 20 horas de grabaciones en video.**

Entre las presentaciones y para no ser aburrido podemos decir que el pen drive presentado contenía entre otros:
- El momento del inicio de la agresión al bus de Boca Juniors. Reitero a 5 cuadras de la ENTRADA.
- Cámara del acompañante del chofer del bus muestra la agresión con proyectiles y gases.
- Visión desde la combi que acompañaba a la delegación y que también fue alcanzada por los proyectiles. Se oye el comentario "ahí están tirando gas pimienta".
- Video del inicio de las agresiones desde el interior del bus. Se oye el ruido de los proyectiles que impactan y la tos de los jugadores por el gas; se ve a un jugador afectado y se pide por el médico.
- Imágenes del canal TyC Sports, en momentos en que el bus ingresa al estadio Monumental y le siguen arrojando proyectiles.
- Las agresiones continúan hasta la entrada al estadio.
- La ambulancia que traslado a los jugadores de Boca también fue alcanzada por proyectiles (Todo Noticias).
- Situación de los jugadores en el vestuario luego de las agresiones.
- El doctor Batista atiende a un jugador de Boca desmayado.
- Aficionados de River derriban las vallas y entran al estadio sin control alguno.
- Batalla campal entre los propios aficionados de River.
- Aficionados de River atacan a un policía, rompen motos y autos, derriban vallas, torturan y matan a un animal al que le colocaron la camiseta de Boca, arrojan piedras y lo que parecería gases al micro de Boca.

- Las corridas dentro del estadio afectaron al propio presidente de River (Fox Sport).

Asimismo y para desmentir algunas versiones del lugar de las agresiones (como si ello importara demasiado para determinar una sanción para esta Cometabol ¿CORRUPTA? y para R.oBo Plate para pedir disculpas) se agregaron 2 videos en los cuales el micro de Boca sigue recibiendo piedras cuando ingresa al estadio y otro con el lanzamiento de gases por parte de los aficionados de River.

XVII.8.4.2 El fallo de la Cometabol

Antes del fallo y un día después de la presentación del C.A.B.J. así se expresaba Domínguez: "En la CONMEBOL que presido, el futbol no se gana con piedras ni agresiones. Lo ganan los jugadores en la cancha".

Parece que la Cometabol Corrupta del 2015 no pensó lo mismo cuando descalifico a Boca de la competición por hechos menos graves que los acontecidos ahora.

Asimismo cabe preguntarse, si ello es así:
- ¿Por qué existe el inciso 1 del artículo 18 en el Reglamento Disciplinario, que prevé entre las sanciones posibles la descalificación de una competición?
- ¿Por qué al club San Lorenzo le dieron por ganada una llave cuando en la cancha perdió sus 2 partidos?
- ¿Por qué al club Independiente le dieron por ganado un partido por 3 a 0 que había terminado en empate?

Referido a estas declaraciones el C.A.B.J. manifestó:

"La prudencia debe primar en estas instancias, y el Presidente de la Conmebol debiera abstenerse de opinar públicamente sobre esta cuestión, ya que de esta manera está afectando gravemente la INDEPENDENCIA del ÓRGANO DISCIPLINARIO que debe resolver esta cuestión".

Asimismo agregó: "El Presidente de la CONMEBOL se ha expresado en reiteradas oportunidades sobre la INDEPENDENCIA del Tribunal de Disciplina, cuestión que surge claramente de los estatutos del a Conmebol".

"Sin embargo al día siguiente que Boca presentara una denuncia ante el Tribunal de Disciplina de la Conmebol, órgano que debe resolver de manera INDEPENDIENTE y sin ningún TIPO DE PRESIÓN, el presidente de la Conmebol SORPRENDE con la publicación en la WEB de la CONMEBOL de una "CARTA AL FUTBOL SUDAMERICANO" EN LA CUAL OPINA ABIERTAMENTE DE UN TEMA QUE DEBE RESOLVER UN ÓRGANO INDEPENDIENTE".

No contento con este tipo de declaraciones, el presidente Alejandro Domínguez **aseguró antes del fallo** que la final se haría en el exterior, el 8 o 9 de diciembre.

Al margen de los argumentos, los documentos, las pruebas y los descargos, hay **cuestiones políticas** que se entremezclan. Que apuntan a una guerra declarada entre el presidente de Boca y el de la Conmebol.

Fuentes cercanas a la entidad sudamericana le comentaron a **Clarín** que Domínguez estaba preocupado por esta situación, que le podría traer un costo político grande. E incluso que veía comprometido su futuro.

Para colmo, **Boca había sumado el apoyo de los clubes brasileños**, que también van por Domínguez. Con la Confederación Brasileña las diferencias se profundizaron este año cuando la orden desde Conmebol fue votar por el triunvirato entre Estados Unidos, México y Canadá para la organización del Mundial 2026 y Brasil lo hizo por Marruecos.

Por otro lado, **en Brasil** levantaron temperatura en las últimas horas cuando se conoció que Antonio Meccia, **su representante en la Unidad Disciplinaria, se quedó afuera de la** votación sobre los destinos de la final. Meccia iba a votar por Boca.

Palmeiras, Gremio, Cruzeiro y Atlético Mineiro le manifestaron su apoyo a Boca. También otros clubes del continente como Olimpia, Cerro Porteño, Peñarol, Defensa y Justicia y Deportivo Cali entre otros.

El **FALLO DE LA MENTIRA DEL TRIBUNAL DE DISCIPLINA DE LA COMETABOL** fue desestimar la presentación de Boca y llevar el partido a Madrid, con lo cual el **NEGOCIO** de unos cuantos **CORRUPTOS** iBa a seguir marchando sobre rieles.

Cabe aclarar que con todos los datos que figuran en este escrito nos preguntamos los simpatizantes de Boca: ¿Por qué el "dueño" del Club Atlético Boca Juniors aceptó jugar este partido en España cuando un poco más, un poco menos la mayoría de la gente futbolera YA se dio cuenta de lo que estaba pasando desde el 2014 en adelante?

XVII.8.5 Lo menos importante: LA FINAL

Así la final se disputó en Madrid con un interés ¿muy pronunciado? de los simpatizantes de ambas equipos sobre todo los de RiBer.

En una imagen la "muchedumbre" que lo fue a despedir a Ezeiza para el ¿partido más importante de su vida?, **ALGO ASÍ COMO 5** espectadores según imágenes vista en TV y periódicos de la fecha.

Era tal el interés, por supuesto siendo hincha de River y sin saber el resultado, que ninguno de los 2 clubes pudo vender la totalidad de las 5.000 entradas que tenían a disposición aquí en la Argentina.

Eso sí, parece que los socios abonados del ¿Real Madrid? sí las agotaron.

Del partido me quiero referir a 2 hechos puntuales sucedidos en el partido que siguen la misma tónica de todo lo comentado anteriormente en el presente:
- Ya a los 10 minutos comenzaba el plan Domínguez de la final; claro agarrón de Maidana a Izquierdos en el área que ni el árbitro ni en el RIVAR vieron (a esta altura de los acontecimientos YO CREO QUE SI LO VIERON). Estimado lector sino me creen véanlo ustedes mismos en YOU TUBE.
- El árbitro, el URUGUAYO Cuhna, amonesta al jugador Barrios por una infracción que ni siquiera era INFRACCIÓN al minuto del alargue; como era la segunda amarilla decreta su expulsión. Muy BIEN PLANEADO ya que las amarillas no podian verse en el VAR, por más que por ello se expulse a un jugador. Decia INFOBAE al respecto: "Wilmar Barrios fue a trabar la pelota con Exequiel Palacios, quien optó por tirarse a barrer. Cunha entendió que el colombiano había puesto en riesgo la humanidad del volante riverplatense, aunque las repeticiones mostraron que **solamente fue a disputar el balón de forma leal. Le mostró la tarjeta roja y comprometió a Boca en los minutos finales**".
- Antes del tercer gol de River, **y ya Boca con 9 hombres cuando el partido expiraba** Jara remata al arco y luego de pegar en un jugador de River la pelota da en el palo y se va al tiro de esquina. El URUGUAYO Cunha, hizo repetir el mismo en 3 oportunidades, luego de que el mismo se hubiera ejecutados en 2 ocasiones; por ejemplo en la primera el arquero de Boca recibió solo un rebote. Que ocurrencia la del juez pedir que no se agarren con el partido casi terminado o ¿habrá tenido miedo que algún jugador

de Boca en este caso la hubiera embocado la pelota dentro de los 3 palos?.

- ¿Esta PLANCHA te parece penal?

Con ello quisieron "justificar" la expulsión de Barrios. CONCLUSIÓN: CON ESTE PARTIDO SE TERMINÓ DE CONCRETAR LOS R.OBOS PLATE con resultado positivos en este período, CON EL DE AL AIN los negativos de LA M.ENTIRA G.RANDE (M.G.)

XVIII – M.entira G.rande – ¿Otros records?

Por ultimo y para tratar un tema menor pero que hace a la instalación de datos de la prensa "comprada" en Beneficio del gran (¿?) club argentino que hacen también a este libro.

Su arquero Armani según la prensa "no le convertían un tanto desde hacía cinco meses. Justamente, el 1 de abril, Fernando Márquez vencía su valla en Florencio Varela defendiendo los colores de Defensa y Justicia. Desde aquel entonces pasaron 965 minutos sin ir a buscar la pelota adentro del arco".

Estimados les comento que estos señores no tomaron en cuenta el partido disputado el 26 de abril de 2018 con Emelec (2 a 1 el resultado a favor de River) donde le convirtieron un gol a este señor. O si quieren tomar "solamente partidos de torneos locales" el 28 de julio de 2018 en el triunfo de River a Villa Dálmine este equipo le convirtió también un gol. Pobre Amadeo (Carrizo) ¿le quitaron? ese record en la valla de River, aunque no pudieron hacerlo en la Argentina.

Otro record al que apuntaban era a la cantidad de partidos invictos del equipo de M.arcelo G.allardo que llegó a 32, pero aquí si contaban todo tipo de partidos internacionales, la liga local y la copa Argentina incluidos los partidos mencionados en el párrafo anterior y otros como Central Norte, Sarmiento de Resistencia, etc.

Esto decía la prensa escrita: "El equipo de Marcelo Gallardo perdió ante Colón en Santa Fe, por lo que su marca de partidos sin derrotas se terminó en 32 encuentros.

El 2018 había comenzado algo irregular para River, que cosechó tres derrotas en los primeros seis encuentros oficiales que disputó. Sin embargo, el año fue de menor a mayor para el conjunto de Marcelo Gallardo, que con la victoria 3-1 sobre Sarmiento de Resistencia, que le dio el pase a la semifinal de la Copa Argentina, sumó ¡32 partidos sin perder!

Sin embargo, unos días después de alcanzar esa cifra récord para la historia del club de Núñez, el invicto se terminó en Santa Fe: por la fecha 9 de la Superliga, Colón ganó 1-0 y así le puso fin a la racha sin caídas del Millonario".

XIX – Conclusión

Está muy claro la existencia de un PLAN para ayudar a River desde que se fue a la segunda divisional del futbol argentino.

En un país como la Argentina que se destaca por los hechos de corrupción, nos parecería hasta casi NORMAL la ayuda a Riber cuando jugaba en la divisional de ascenso y diría que a la mayoría ni siquiera les molestaría, sino además que les convendría.

Ya no nos parecería tan normal, pero quizás ayudarlo para que ganara una liga local (2014), la única que ganó desde que retornó de la "B", podría verse hasta como una ayuda económica y temporaria a un club que estaba casi fundido según su presidente.

Lo que siguió a ello, LA CORRUPTELA DETALLADA EN EL PRESENTE es de tal MAGNITUD que SOLO SE EXPLICA EN UN PLAN IDEADO CON PERIODISTAS PAGOS, ORGANISMOS Y/O DIRIGENTES TAMBIÉN COMPRADOS.

AHORA SEPAN LOS FUTBOLEROS QUE EL HONOR Y LA DECENCIA NO SE PIERDE EN UN PARTIDO DE FUTBOL, NI SIQUIERA EN VARIOS O DESCENDIENDO DE CATEGORÍA.

SE PIERDE CUANDO UNO SE VE ENVUELTO EN HECHOS DE CORRUPCIÓN, GENERACIÓN DE VIOLENCIA O EMPLEAR METODOS ILICITOS PARA

GANAR UN PARTIDO DE FUTBOL POR EJEMPLO, LO QUE MILAGROSAMENTE AÚN NO GENERÓ UNA TRAGEDIA, IMPUNIDAD, QUE NI SIQUIERAN PUEDEN TAPARSE CON LA M.ENTIRA G.RANDE A QUE NOS QUIEREN LLEVAR LOS PERIODISTAS COMPRADOS.

LO RELATADO EN EL PRESENTE LIBRO ES PARA TRATAR QUE NO SE REPITA, PERO CON LOS MISMOS ACTORES, DIRÍA QUE ES CASI UN IMPOSIBLE HASTA QUE NO SUCEDA UNA VERDADERA DESGRACIA (y lamentablemente en el 2019 TO BE CONTINUED a TODO RITMO, innumerables penales regalados, goles en posición adelantada, expulsiones de jugadores rivales, entrenamiento de jugadores para que simulen infracciones inexistentes, etc).

No tiene nada que ver (¿o sí?) con lo que intenta referir el libro, pero sí quisiera expresar como último los comentarios de personajes de importancia relacionados con en el mundo del futbol actual:

Cesar Luis Menotti

"Irse al DESCENSO ES INSÓLITO, pero pasa YA SE FUE RIBER, ES DRAMÁTICO, ES UN GOLPE MAS DOLOROSO QUE UN PARTIDO, ES MAS DE UN PARTIDO porque fuiste EL PEOR DE TODOS, ESE TIEMPO DEL DESCENSO TENES LA HERIDA DE MUERTE COMO JUGADOR, TÉCNICO, DIRIGENTE........."

Norberto B. Alonso

"Ya nos fuimos a la B, ya la MANCHA NO LA SACA NADIE"

Rodolfo D'Onofrio

"....QUEDAR CON ESA MANCHA ETERNA QUE LOS RIVERPLATENSES TRATAMOS DE OLVIDAR PERO QUE INSISTO, ESA MANCHA SERÁ IMBORRABLE..."

Diego Maradona

"LA MANCHA NO LA SACAN NUNCA MAS, LOS DE RIBER TIENE LA B DIBUJADA EN TODO EL CUERPO....."

Matias Almeyda

"**Cuando River descendió murió gente.** Yo sé el hecho grave que sucedió. **Si River no ascendía iba a volver a morir gente.** Se ganaron cosas. Cuando se habla de la B y te cargan... hubo familias que sufrieron, que perdieron seres queridos. **No fue una broma.** Sos de la B y te pongo el fantasma... murió gente. **Fue fuerte**".

"..a mí también me va a doler toda la vida haberme ido a la B..."

Y como dice un amigo: "el futbol argentino NO tendrá PAZ hasta que Boca se vaya a la B" o sea NUNCA, si no le tienden alguna trampa fuera de lo deportivo, como vemos lo están tratando de hacer desde el 2014.

Agradecimientos y dedicatorias

Agradecimientos

El primer agradecimiento es para mi querido PADRE quién desde Trenque Lauquen seguía a su amado Boca Juniors a todas partes y que me inculcó esta pasión por el futbol y el ÚNICO GRANDE de la Argentina (un visionario ya que cuando él falleció existían otros grandes) pero por sobre todo porque con su ejemplo me enseñó dos valores muy importantes en la vida; la HONESTIDAD y la JUSTICIA, aunque lamentablemente en nuestra querida Argentina esto generalmente brille por su AUSENCIA.

En segunda instancia a mi madre, esposa e hijos que han tenido que soportar mis largos comentarios, gritos, ausencias temporarias y todo este sentimiento que reflejo dentro y fuera de mi casa por el tema futbol, pero más que nada por compartir el ser hinchas de Boca, ja, ja, ja.

Un especial saludo a mi amigo Alfredo Gómez, dueño de las estadísticas y de frases insuperables.

También para quienes compartí casi toda una vida, mis compañeros de YPF y de otras empresas como el Rafa Fernández, quienes además de largas charlas futboleras tuvieron que escuchar y soportar mi ringtone (dale, dale, dale Boca, ja, ja).

A "Boca de Selección" el programa radial de Daniel Moyo quiero agradecerles también, ya que allí además de dejar expresar al hincha, escuché de parte de periodistas como Horacio Zamudio (el abanderado) o Marcelo Lerner todo lo que yo pienso de esta MAFIA ANTIFUTBOL.

También al jugador número 12, y que se entienda que "LA DOCE" somos todos los hinchas de Boca, no solo los de la barra, sino estudien el origen de dicho apodo.

Por último a mi familia, varios hinchas de River, que si bien no nos vemos muy seguido, los quiero mucho y como decía un programa tan antiguo como yo: LO PRIMERO ES LA FAMILIA.

Dedicatorias

Les dedico este libro a todos los CORRUPTOS que con su "mayor esfuerzo" están destrozando el futbol y por sobre todo a la pasión del hincha.

Incluyo en esta categoría a los que hacen cualquier cosa por tener un triunfo "deportivo" como por ejemplo la compra de partidos, técnicos y jugadores rivales, árbitros, doping, etc.; a los generadores de violencia que con sus dichos pueden generar una desgracia muy seria (cosa que por milagro aún no sucedió); a los periodistas comprados para que divulguen información conveniente que en la mayoría de los casos son mentiras y generan violencia; a los que con su silencio permiten estas cosas y se convierten en cómplices de tanta podredumbre; a las instituciones corruptas como hemos visto en este libro con solo algunos de sus miembros presos y otros que son "millonarios cuando salen" (de pesos, aunque algunos "imparciales" los sean de otra cosa) y "pobres cuando entran".

Lástima, realmente una verdadera lástima es la existencia de estos personajes que realmente crean un clima de violencia, discordia y se comportan contrariamente a todas las actitudes (de paz, fair play, buenas costumbres, honestidad, etc) que dicen deben tener el deporte.

Índice

Prólogo — 5

Capítulo I – Esto es R.iver Plate — 9

    Alejandro Burzaco — 9

    Eugenio Burzaco – Diego Santilli — 10

    Leonardo Ponzio — 11

    Alejandro Domínguez — 12

    Juan Ángel Napout — 14

    La máquina oculta de hacer entradas y los dirigentes de River — 14

    Caverna Godoy — 16

    Los médicos de riber — 17

    Camila Mayada y Lucas Martínez Quarta — 18

    Cometabol o Corrupbol — 19

    Jorge Pablo Brito — 20

    El Enzo — 21

Paco Casal 22

Otro Ceo de TORNEOS 23

Pablo Lunati 24

Leo Farinella 25

Rodolfo D'Onofrio 26

M.arcelo G.allardo 29

Conclusión primaria 32

Capítulo II – Los amistosos del verano 2014 33

Capítulo III – El comienzo de los oficiales, el Pitanazo 37

Capítulo IV – River campeón Torneo Final 2014 41

Capítulo V – El primer Viglianazo 45

Capítulo VI – Copa Sudamericana del 2014 47

VI.1 Datos de la CONMEBOL en el año 2014 47

VI. 2 Octavos de Final – Estudiantes de la Plata – RiBer - IDA 48

VI. 3 Octavos de Final VUELTA – RiBer - Estudiantes de la Plata 49

VI. 4 Cuartos de Final IDA – Boca – RiBer 50

VI. 5 - Cuartos de Final Revancha – RiBer – Boca 53

VII – El primero del 2015 57

VIII – Las recopas   59

   VIII – 1 – Recopa 2015   59

   VIII – 2 – Recopa 2016   59

IX – Copa Libertadores 2015 – Boca – R.iver Plate   61

   IX .1 - Como llegaron los equipos a los octavos de final   61

   IX. 2 - Cambios de fecha   62

   IX.3 – River y Delfino (otra vez) versus Boca   64

   IX – 4 – Octavos de final de Copa Libertadores - Vuelta   69

      IX – 4.1.1 – ….y D´Onofrio amenazó al árbitro de la vuelta   69

      IX – 4.1.2 – Boca – River la revancha   70

      IX – 4.1.3. – El gas pimienta, Burzaco, Berni, D'Onofrio y ……?   70

   IX – 5 – Otros y la final   78

X– La impunidad de Leonardo Poncio y fin del 2015   81

XI – Lo que el periodismo olvidó de M.G.- Parte 1 (2014 - 2015)   85

   XI.1 – Copas Argentina 2014/2015   85

   XI. 2 – Campeonato local segundo semestre 2014   86

   XI.3 – El record oficial del clásico   86

   XI.4 – La Supercopa Argentina 2015   88

XI.5 – Liga local - Campeonato 2015   89

XI. 6 – Copa Sudamericana 2015   90

XI. 7 – Copa Mundial de Clubes 2015   90

XII – Lo que el periodismo olvidó de M.G.- Parte 2 (2016 - 2018)   93

XII.1 - Campeonato local primer semestre 2016   93

XII.2 – Copa Libertadores 2016   94

XII.3 - Campeonato local 2016/2017   94

XII.4 – Supercopa Argentina 2016   97

XII.5 – La gallineada más grande de la Copa Libertadores   98

    XII.5.1 El doping positivo   98

    XII.5.2 El reglamento de la COMETABOL para River   103

    XII.5.3- Cuartos de final – J.W.- Mosquera   105

    XII.5.4 La gallineada más grande de la Libertadores   108

XII.6 Segundo Pitanazo - Superliga 2017/2018   110

XII.7 Campeonato Superliga 2018/2019 – Segundo Viglianazo   113

XII.8 - Copa Argentina 2018   114

XII.9 Copa del Mundo de Clubes – El último gran robo del 2018   115

XIII – Fuera M.arcelo G.allardo – Principios 2018   117

XIV – Copa Argentina 2016 — 121
   Cuartos de final — 121
   Semifinal — 122
   Final — 122

XV – Copa Argentina 2017 — 125
   16vos. — 125
   Semifinal — 126

XVI – Así ganó la Supercopa Argentina 2017 — 129

XVII – El R.oBo más importante del principio al fin — 133

   XVII.1 Clasificación a octavos de zonas de Boca y River — 133
      XVII.1.1 Zona de Boca — 133
      XVII.1.2 Zona R.oBo Plate — 136
      Conclusión: — 137

   XVII.2 Octavos de final — 138

   XVII.3 Caso Zuculini y Sánchez – Certificado de un muerto — 139

   XVII.4 Cuartos de final — 140

   XVII.5 Reunión en Paraguay — 141

   XVII.6 El caso M.arcelo G.allardo y la COMETABOL — 142

   XVII.7 Las semifinales — 147

XVII.7.1 River – Gremio 147
XVII.7.2 Gremio versus RiBer,
la CometaBol y árbitro uruguayo 148
XVII.7.3 Boca versus CometaBol 149

XVII.8 La final 150
XVII.8.1 Los árbitros 150
XVII.8.2 Boca 2 – River 2 153
XVII.8.3 El ataque al micro 154
XVII.8.4 Presentación de Boca y el fallo 162
XVII.8.5 Lo menos importante: LA FINAL 166

XVIII – M.entira G.rande – ¿Otros records? 169

XIX – Conclusión 171

Agradecimientos y dedicatorias 175

Agradecimientos 175

Dedicatorias 176

Editorial LibrosEnRed

LibrosEnRed es la Editorial Digital más completa en idioma español. Desde junio de 2000 trabajamos en la edición y venta de libros digitales e impresos bajo demanda.

Nuestra misión es facilitar a todos los autores la edición de sus obras y ofrecer a los lectores acceso rápido y económico a libros de todo tipo.

Editamos novelas, cuentos, poesías, tesis, investigaciones, manuales, monografías y toda variedad de contenidos. Brindamos la posibilidad de comercializar las obras desde Internet para millones de potenciales lectores. De este modo, intentamos fortalecer la difusión de los autores que escriben en español.

Ingrese a www.librosenred.com y conozca nuestro catálogo, compuesto por cientos de títulos clásicos y de autores contemporáneos.

www.ingramcontent.com/pod-product-compliance
Lightning Source LLC
Chambersburg PA
CBHW032046150426
43194CB00006B/439